全国体育院校教育技术学专业通用教材

现代体育教育技术

Xiandai Tiyu Jiaoyu Jishu

主　编：蒋立兵　易名农

副主编：齐　芳　崔海亭

编　委：孙　萍　茅　洁　王　倩

徐雪霞　杜芸芸　张光忠

中国地质大学出版社有限责任公司

ZHONGGUO DIZHI DAXUE CHUBANSHE YOUXIAN ZEREN GONGSI

图书在版编目(CIP)数据

现代体育教育技术/蒋立兵、易名农主编,齐芳、崔海亭副主编.—武汉:中国地质大学出版社有限责任公司,2012.12

ISBN 978-7-5625-3032-9

Ⅰ.①现…

Ⅱ.①蒋…②易…③齐…④崔…

Ⅲ.①体育教育-教育技术

Ⅳ.①G807.04

中国版本图书馆 CIP 数据核字(2012)第 309563 号

全国体育院校体育教育技术协作会推荐教材

现代体育教育技术

蒋立兵　易名农 主　编

齐　芳　崔海亭 副主编

责任编辑:段连秀　　策划编辑:毕克成　段连秀　　责任校对:张咏梅

出版发行:中国地质大学出版社有限责任公司(武汉市洪山区鲁磨路 388 号)

电　话:(027)67883511　　邮政编码:430074

传　真:67883580　　E-mail:cbb@cug.edu.cn

经　销:全国新华书店　　http://www.cugp.cug.edu.cn

开本:787 毫米×960 毫米 1/16　　字数:260 千字　印张:12.75

版次:2012 年 12 月第 1 版　　印次:2012 年 12 月第 1 次印刷

印刷:武汉教文印刷厂　　印数:1—1 500 册

ISBN 978-7-5625-3032-9　　定价:29.80 元

前　言

近年来,随着教育技术学科的迅速发展,其学科理论框架日益成熟,学科影响力也不断增大,并且向各个领域渗透。教育技术在自身发展的同时,与其他学科逐渐融合并形成了诸多分支,比如已经诞生了外语电化教育、医学教育技术和军事教育技术等新领域。其实在体育领域,教育技术早已得到了广泛的应用。到目前为止,已有4所体育院校(武汉体育学院、天津体育学院、山东体育学院和沈阳体育学院)开设了教育技术学本科专业,并且各自都形成了自己的方向,在沈阳体育学院、广州体育学院和综合性师范院校体育教育专业都开设了"现代教育技术"公共课。虽然教育技术已经在体育领域得到了应用,但是目前体育学院的教育技术学专业和各个院校的体育教育专业所使用的《现代教育技术》教材与其他综合性院校没有太大差异,教材内容体系无法突出体育特色,没有将教育技术与体育教育进行有效整合,亟待编写具有体育特色的《现代体育教育技术》教材。

基于这个思路,武汉体育学院和天津体育学院于2011年6月在武汉组织成立了"全国体育院校教育技术协作会",得到众多体育院校的积极响应,来自全国11所体育学院的教育技术学专业、计算机专业、信息管理专业、计算机公共课部和现代教育技术中心的专家和老师40余人参加了首届协作会,共同研讨体育院校教育技术学专业发展,交流办学特色和经验,优化专业培养方案,编写专业教材。与会的专家和老师一致认为:教育技术在体育领域具有广阔的应用前景,要想在体育领域得到较好的发展和应用,必须构建"体育教育技术"学科体系,需要提出具有体育特色的口号与名称,并且将该名称确定为:"体育教育技术学"。同时,在本次会议上,大家认为编写具有体育特色的学科基础教材至关重要,《现代体育教育技术》被列为第一批重点建设教材。

本书主要特点是把现代教育技术理论及技术与体育教学和运动训练紧密结合,并且穿插了供学习者参考的案例,可帮助学生理解“体育教育技术”学科体系。同时本教材介绍了教育技术学科的一些前沿知识和研究领域,方便学生了解本专业发展趋势,为进一步深造奠定基础。

本书是集体研究的成果,由武汉体育学院、天津体育学院和山东体育学院教育技术学专业教师共同编写,主要为体育院校教育技术学专业本科学生使用,也可为体育教育专业学生、体育教师自学使用。全书共分为九章,各章执笔人分别是:第一章、第三章、第九章,蒋立兵(武汉体育学院);第二章,齐芳(天津体育学院)、第四章,王倩(山东体育学院);第五章,茅洁(武汉体育学院);第六章,易名农(武汉体育学院);第七章,崔海亭(山东体育学院);第八章,孙萍(山东体育学院)。除此之外,还要感谢武汉体育学院徐雪霞、杜芸芸和张光忠三位老师的支持和参与。

本书在编写过程中参考了教育技术学领域和体育领域众多专家和学者的文献,在参考文献部分列出,再次向他们表示由衷的感谢(如果有少量文献由于编者疏忽未列出,在此向原著作者表示歉意)。本书在初稿完成后,虽然经过几次修改,但是由于编者水平有限,难免出现错误和不当之处,敬请读者批评指正。

编 者

2012年12月

目　录

第一章　现代体育教育技术概述

【学习提示】

随着信息技术在教育领域中的应用，教育学二级学科“教育技术学”得到了迅速发展，也得到了教育领域的认可，同时教育技术在体育领域也得到了广泛应用，由此诞生了“现代体育教育技术”，并逐步成为教育技术学专业发展的一个分支。美国教育技术 AECT’94 定义详细界定了教育技术的研究内容和研究范畴，极大地促进了教育技术的发展。

本章是概述章节，在介绍教育技术相关概念的基础上，提出现代体育教育技术，并阐述了教育技术与教师专业化发展的关系。

【学习重点】

1. 教育技术 AECT’94 定义
2. 现代体育教育技术含义
3. 信息素养含义和内容
4. 教育技术素养主要内容
5. 教师专业化发展含义

第一节　教育技术基本概念

一、技术与教育技术

在我国的学术界，“技术”一词的中文解释有多种。《辞海》中的定义：技术泛指根据生产实践经验和自然科学原理而发展成的各种工艺操作方法与技能。

广义的技术除操作技能外，还包括相应的生产工具和其他物质设备，以及生产的工艺过程和作业程序、方法。

技术的含义是一个历史范畴，随着社会发展，其内涵在不断演变，不同时代技术有着不同的含义。随着技术的发展，可以把技术作为划分时代的标志，比如：石器时代、青铜器时代、铁器时代、蒸汽时代、电气时代和信息时代。

(1)工业化早期:技术指根据生产实践经验和自然科学原理而发展成的各种物质设备、生产工具。

(2)信息时代:技术指人类在生产活动、社会发展和科学实验过程中,为了达到预期目的而根据客观规律对自然、社会进行认识、调控和改造的物质工具、方法、工具手段和无形的、非物质的、观念形态的方法与技能。

技术是为社会生产和人类物质文化生活需要服务的,供人类利用和改造自然的物质手段、智能手段和信息手段的总和。

因此"技术"的含义,指的是有形的物化技术和无形的智能技术的总和。从广义上来说,教育技术就是"教育中的技术",是指人类在教育活动中所采取的一切技术手段和方法的总和(如图1-1所示)。

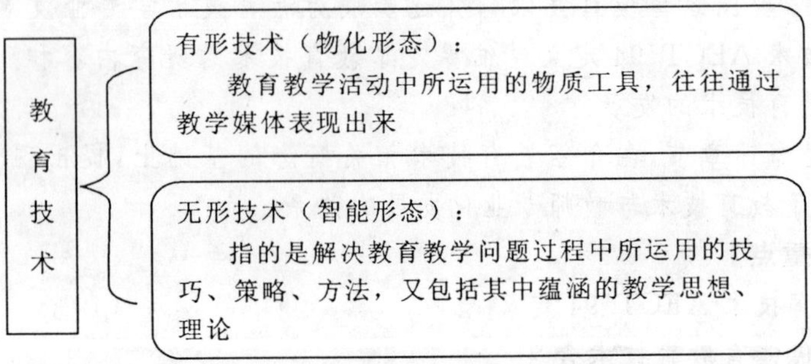

图1-1　教育技术的两个组成部分

从狭义上来说,教育技术指的是在教学过程中所应用的技术手段(教学媒体的硬件和软件)和技术方法(教学过程的设计方法或教学系统方法)。对这二者有的称为媒体技术和系统技术;有的称为教学媒体开发技术和教学过程设计技术。

二、教育技术AECT'94定义

在1994年,美国教育传播与技术协会(Association for Educational Communications and Technology,AECT)在出版的《教育技术:领域的定义和范畴》一书中给教育技术下的定义是:"Instructional Technology is the theory and practice of design, development, utilization, management and evaluation of processes and resources for learning."

AECT'94定义的中文表述:教育技术是为了促进学习,关于学习过程和学习资源的设计、开发、利用、管理和评价的理论与实践。

AECT'94定义具有较高的抽象性,把教育技术的研究目的、研究对象、研究内容、研究范畴等问题进行了明确的描述,涵盖了目前教育技术研究的主要领域。

它强调学习过程和学习资源，与素质教育、创新教育思想一致。AECT'94 定义的引入，是中国教育技术界近 10 年来的重大事件之一。围绕该定义展开的各种探讨和争论，已超出了一般学术概念的争鸣，无论从理论研究层面，还是从实践应用层面，都深深地影响着中国教育技术的发展，甚至在以后的一段时间内还会继续影响并指导中国教育技术的发展。

教育技术的目的是促进学习。定义的这个部分所用的术语是为了强调学习的结果，阐明学习是教学的目的，教学是完成学习的一种手段。学习是检验教学的标准，它表现为知识技能或态度的改变。这个目的为教育技术的发展提供了引导性方向，教育技术就是为了促进学习，改善学习效果的学科。

学习过程和学习资源是教育技术的研究对象。明确一个领域的研究对象具有至关重要的意义。"过程"是事物发展所经过的程序、阶段。狭义的学习过程指学生在教学情境中通过与教师、同学以及教学信息的相互作用获得知识、技能和态度的程序。其实广义的学习过程既包括有教师参与的学习过程，也包括无教师参与的学习过程。资源是支持学习的资料来源，它包括支持系统、教学材料和环境。但资源并非仅只用于教学过程的设备和材料，它还包括人员、经费和设施。可以说，它包括了一切有利于学习者有效学习的因素。

教育技术研究的五大内容，包括设计、开发、利用、管理和评价，其实也是研究范畴（如图 1－2 所示）。

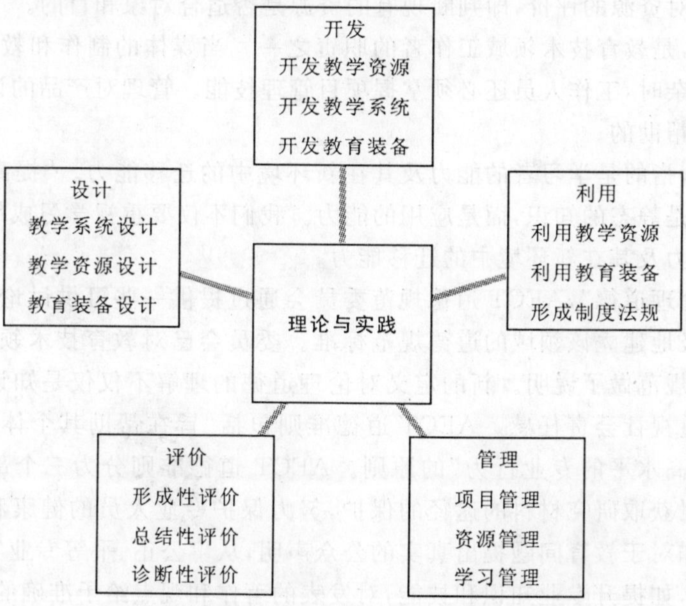

图 1－2　教育技术领域五大内容

这些术语涵盖了教育技术领域的知识基础和专业人员的职能。在这几个范畴中，设计范畴集中地表达了教育技术的基本理论部分。开发范畴亦较为成熟，其他几个范畴的理论仍引用其他相关领域的研究。

三、教育技术 AECT'2005 定义

AECT 协会于 2005 年 5 月正式发表了新的教育技术定义："Educational Technology is the study and ethical practice of facilitating learning and improving performance by creating, using, and managing appropriate technological processes."

上海师范大学黎加厚教授对 AECT'2005 给出了较为权威的中文翻译：教育技术是通过创造、使用和管理适当的技术性的过程和资源，以促进学习和提高绩效的研究与符合伦理道德的实践。

"创造"，指的是在各种不同的、正式或非正式的环境中，创建学习情境所涉及到的研究和实践。这里的学习情境主要是学习环境、学习内容和学习资源等共同呈现给学习者的一种刺激。创造可以包括一系列活动，主要包括设计与开发两个过程。

"使用"，是指将学习者带入学习环境，接触学习资源所涉及的理论和实践。活动从选择合适的过程和资源开始，无论这选择来自于学习者还是教师。恰当选择一定是基于对资源的评价，即判断现有的资源是否适合对象和目的。

"管理"，是教育技术领域工作者的职责之一。当媒体的制作和教学开发过程变得日益复杂时，工作人员还必须掌握项目管理技能。管理对产品的设计、开发和使用都是有帮助的。

"绩效"，指的是学习者的能力及其在新环境中的迁移能力。"提高绩效"强调了学习不仅是静态的知识，而是应用的能力。我们不仅要重视学习成绩，更要重视学习者的能力及其在新环境中的迁移能力。

"符合伦理道德"，AECT 道德规范委员会通过提供一些可供讨论和理解的个案实例，积极地建立该领域的道德规范标准。委员会已对教育技术领域知识产权的使用道德规范做了说明。新的定义对伦理道德的理解不仅仅是知识产权、版权意识等，更重视社会责任感。AECT 道德准则包括"旨在帮助其个体成员和集体都保持一种高水平的专业行为"的原则。AECT 道德准则分为三个部分：对个体的承诺，如对获取研究材料的途径的保护，努力保护专业人员的健康和安全；对社会的承诺，如对于教育问题提出真实的公众声明，从事公正、平等专业实践活动；对行业的承诺，如提升专业知识和技能，对发表的著作和观点给予准确的评价。

针对美国教育传播与技术协会 AECT'2005 定义，国内不少学者也提出了批

判性的意见，带给我们新的批判性启示。与 AECT'94 定义相比，新定义使用的"研究"(study)一词把基于直觉与经验的批判性反思作为一种重要研究方法的同时，也消解了教育技术作为一个专门研究领域致力于理论创建的努力，不利于教育技术的学科建设，同时在一定程度上造成了教育技术含义的游移不定，对澄清领域内的一些问题并没有任何帮助。定义与术语委员会试图让一个定义同时承担起专业沟通与公众宣传两种责任无疑是不明智的。AECT'2005 定义为了满足其公众宣传的使命，以一种平实的方式界定了这一定义，然而这却实实在在地牺牲了其专业价值。AECT'2005 定义在"实践"(practice)之前加入了"合乎道德的"(ethical)的这一限定词，把伦理问题纳入定义则是值得商榷的。此外，从术语定义的角度来看，使用"技术"来界定"教育技术"容易陷入"循环定义"的泥淖。

四、AECT'94 与 AECT'2005 比较

AECT'2005 的发布，引起了国内教育技术界的高度关注，许多专家学者积极参与讨论，甚至提出批判或质疑。到底应当如何看待 AECT'2005 定义？AECT'2005 定义与 AECT'94 定义之间有什么样的关系？简要介绍如下：

(1)"教学技术"的名称被"教育技术"名称所取代；

(2)"理论与实践"这两个研究领域被更改为"研究与符合伦理道德的实践"；

(3)"学习过程"与"学习资源"这两个研究对象被变换为"用来促进学习和提高绩效的，并有合适技术的过程和资源"；

(4)学习过程和学习资源的"设计、开发、利用、管理和评价"五个研究范畴被缩减为相关过程和资源的"创造、使用和管理"三个范畴。

第(1)项没有实质性意义(在 AECT'94 定义的说明文件中就曾经指出：可以把教学技术视同教育技术)。真正有实质意义的修改是后面三项，尤其是第(3)项直接针对 AECT'94 定义的主要缺陷与不足。这表现在三个方面。

第一，把原来的"for learning"(为了学习)明确地改为"facilitating learning"(促进学习)。"为了学习"强调的只是"学"；"促进学习"则既强调"学"，也重视"教"。显然，这是受 Blending Learning 思想的影响。所以由"为了学习"转向"促进学习"是教育思想、观念的转变与提高，是与 AECT'94 定义相比具有积极意义的进步。

第二，将原来的"学习过程和学习资源"变换为"用来促进学习和提高绩效的，并有合适技术的过程和资源"。如上所述，由于"促进学习"有赖于教，"绩效的提高"也与教有很大关系，所以这里所说的过程和资源绝非一般的过程和资源，而是指教育过程和教育资源(对于学校来说，就是指教学过程与教学资源)；与 AECT'94 定义相比，不仅是"学习过程和学习资源"变换为"教育过程与教育资源"，而且

这种过程和资源的前面加了修饰语——并非任意的教育过程与教育资源，而是伴随有合适技术的教育过程与教育资源。这样就克服了 AECT'94 定义未能体现教育技术学科特色的不足。

第三，除了强调相关过程和资源要促进学习之外，还强调要提高绩效。对学习者来说，绩效是指有目的、有计划的行为倾向和结果；对企业来说，绩效则是指该企业预期的、符合总体目标的业绩。与 AECT'94 定义相比，增加有关“绩效”的考虑，不仅显得 AECT'2005 定义既关注学习过程也关注学习结果；而且还表明通过培训来提高企业绩效也是教育技术学重要的研究与应用领域。

结合前面的分析和比较得出：教育技术是通过设计、开发、利用、管理和评价恰当的教学过程和教学资源(包括学习过程和学习资源)，来促进学习和提高绩效的理论与实践。

第二节　现代体育教育技术含义

一、现代体育教育技术概念

传统的体育教学与运动训练中，人们主要采用肢体语言和口头语言作为传授体育知识和技能的主要载体。这种形式的教学和训练虽然在相当一段时间内取得了一定的效果，但是人们发现越来越困难。随着现代竞技体育的发展，体育领域对教学和训练的要求越来越高，体育工作者一直都在寻求提高教学和训练效果的方法。在不同时期，体育工作者会运用先进的方法和技术为传播体育知识和运动技能服务。另外，现代信息技术迅速应用于教学领域——教育技术学学科诞生和发展，它为体育信息化的发展提供了技术支持和服务保障。目前，教育技术在体育领域应用已经非常广泛。在专业办学上，截至 2010 年底，已经有 4 所体育院校开办了教育技术学专业，绝大部分体育教育专业也开设了“现代教育技术”公共课；在技术应用上，赛事组织与管理、赛事直播、战术与技术分析、高科技辅助裁判、运动参数分析、生理生化指标分析、体育装备工程等都大量应用了现代信息技术。

随着体育事业的迅速发展，现代教育技术和现代信息技术已经引入到体育领域，要想总结其发展过程，促进信息技术、教育技术与体育教学和运动训练更好的整合，提升体育工作者运动信息技术和教育技术的意识和水平，需要建立一个平台。程士钧教授认为这个平台就是“现代体育教育技术”。

“现代体育教育技术”是为了促进学习和提高绩效，关于体育教学与运动训练的“过程和资源”的设计、开发、利用、管理和评价的理论与实践。

现代体育教育技术的目的是为了促进体育学习，并且提高教学与训练绩效。定义的这个部分是为了强调学习的结果，教学和训练是完成学习的一种手段。学习结果表现为知识技能或态度的改变。这个部分为现代体育教育技术的发展提供了引导性方向，现代体育教育技术就是为了促进体育学习，改善学习绩效的学科。

体育教学与运动训练过程、体育教学与运动训练资源是现代体育教育技术的研究对象。体育领域的学习包括体育教学和运动训练两个部分，其目的存在一些差异。体育教学是按一定体育教学计划和《新课程标准》进行的有目的、有组织的教育过程。体育教学由教师和学生共同参与，其任务是向学生传授体育知识、技术与技能，增强其体质，培养其道德、意志、品质等。它是学校体育实现的基本形式，是体育目标的实施途径之一。运动训练是竞技体育的重要组成部分，是为提高运动员的竞技能力和运动成绩，在教练员的指导下，专门组织的有计划的体育活动。体育教学和运动训练的"过程"和"资源"也相应地存在着差异，在后面的学习中会逐步阐明。

二、现代体育教育技术的研究任务与研究内容

1. 现代体育教育技术的研究任务

现代体育教育技术是教育技术学的一个分支方向，是教育技术在体育领域的应用，是将信息技术为代表的技术手段和教育技术理念方法应用于体育教学、运动训练和大众体育中，为体育知识、运动技能和体育文化的传播服务。

第一，推动教育技术在体育领域的应用和发展。体育教学和运动训练都属于学习领域，而教育技术是促进学习和提高绩效的学科，恰当地应用教育技术理念方法和技术手段可以解决体育领域的学习问题。

第二，促进"现代体育教育技术"自身的发展。目前已经有 4 所体育院校已经开设了"教育技术学"本科专业，绝大部分体育师范院校也开设了"现代教育技术"公共课，各体育院校教育技术中心或网络中心从事的也都是教育技术相关工作；可以说教育技术已经在体育领域得到了应用，但是要想得到发展，必须提出"现代体育教育技术"专门研究领域。在 2011 年 4 月，在武汉体育学院召开了"首届全国体育院校体育教育技术协作会"，来自全国 11 所体育院校的学者和专家也一致认为需要提出"现代体育教育技术"这个研究领域。

第三，促进教育技术与体育的整合。目前体育院校教育技术学专业和体育教育专业"现代教育技术"公共课采用的教材都是《教育技术学》，与体育存在一些偏差，未与体育整合。"现代体育教育技术"是将教育技术理念方法和技术手段恰当地融入体育领域之中，从而促进二者之间的整合。

第四，介绍与体育密切相关的先进技术和方法。目前在体育教学、运动训练和

大众体育中已经应用了大量先进的技术手段，通过介绍这些案例，一方面可以帮助学生了解现代体育教育技术研究内容，另一方面也可以传播技术应用知识。

2. 现代体育教育技术的研究内容

教育技术学研究是促进学习和提高绩效的学科，那么现代体育教育技术的任务主要是促进体育教学和运动训练，提高其绩效。根据这个任务，我们认为现代体育教育技术有以下主要研究内容：

(1)教育技术服务体育教学。这个内容主要体现在如何利用现代教育技术理念方法和技术手段为体育教学服务，从而提高学习绩效。具体内容有：体育教学设计、体育教育资源开发、体育教学系统开发、体育成绩评价与处理等。

(2)教育技术服务运动训练。运动训练是为提高运动员的竞技能力和运动成绩，在教练员的指导下，专门组织的有计划的体育活动。其实运动训练是一种特殊的教学。教育技术服务运动训练主要有：运动训练方案设计、运动训练辅助系统、训练数据采集与管理、运动技术分析与仿真、运动装备设计与研发、运动训练过程评价等。

(3)教育技术服务大众体育。大众体育是由企事业单位职工以及城镇居民与农民，为达到健身、健心、健美、娱乐、医疗等目的而进行的内容丰富、形式多样的身体锻炼活动。我国大众体育目前远远落后于学校体育和竞技体育。教育技术在群众体育的应用主要体现在：传播体育文化、设计体育装备等。

(4)信息技术服务体育赛事。目前大型体育赛事的组织与管理、场馆智能化、比赛成绩显示与处理等环节都大量应用信息技术方法和手段。在这个领域应用包括：体育赛事智能化管理、场馆智能化、赛事成绩显示与处理、战略战术分析、运动员技术分析、辅助裁判系统等。

实际上，教育技术在体育领域已经得到了广泛的应用，甚至遍布体育领域各个角落，体育工作者也需要了解和掌握部分相关的技术和观念，才能让教育技术和信息技术更好地为体育服务。

第三节　教育技术与教师专业化发展

一、教师教育技术素养

2004 年 12 月，教育部颁布了《中小学教师教育技术能力标准》，该标准对中小学教师的信息技能、教学设计能力和课堂授课能力的要求进行了具体阐述，也明确要求教师应该具备现代教育技术能力。该标准把教学人员教育技术能力标准分为四大部分(如图 1-3 所示)。

- 教育技术能力标准
  - 教育技术意识和态度
    - 1. 教育技术重要性认识
    - 2. 运用教育技术的意识与态度
    - 3. 对教学过程与效果的评价与反思
    - 4. 终身学习的意识与态度
  - 教育技术知识与技能
    - 1. 教育技术基本概念和理念
    - 2. 信息检索、加工与利用方法
    - 3. 常见教学媒体选择与开发方法
    - 4. 教学系统设计的一般方法
    - 5. 教学评价与管理一般方法
  - 教育技术应用与创新
    - 1. 教学设计与教学实施能力
    - 2. 教学支持与管理能力
    - 3. 科研与专业发展能力
    - 4. 合作与交流能力
  - 教育技术应用社会责任
    - 1. 让不同的学生在学习资源的利用上享有均等的机会
    - 2. 让不同的学生利用学习资源得到良好发展
    - 3. 促进学生正确地使用学习资源,营造良好学习环境
    - 4. 向学生示范并传授与技术利用有关的法律法规和伦理道德

图 1-3　教师教育技术能力标准体系

中国教育技术标准(Standards of Educational Technology of China,SETC)提出:教育技术素养是指在教育技术理论的指导下,运用信息技术的知识和技能解决教育教学中实际问题的能力、意识、态度和责任。

1. 教师应该具备教育技术意识素养

意识是一切行为的先决条件,要让教师在教学中自觉地运用教育技术技能,必须从思想上认识到教学中教育技术运用的必要性与重要性。第一,要理解教育技术的内涵。教育技术不是普通的教学手段与方法,而是指运用各种理论与技术对教学设计、开发,从而优化教学效果。第二,能够认识到教育技术能力是教师专业素质的必要组成。教师的专业素质不仅包括专业知识、相关的教育学、心理学的知识,还应具备教育技术能力。教育技术能力不仅是教师应用教育技术开展教育教学改革,提高教学质量的需要,更是教育实现信息化的关键。同时,教育技术能力也是教师提高自身的专业素质,以满足当代教育教学需要的重要条件。第三,教师应具备在教学中有效使用教育技术的意识。作为教师关注的不仅是专业技术与知识的发展,还应关注计算机新技术的前沿信息,认识到新技术对教育的影响。教师在教学中使用教育技术,不是一种强求与规定,而是需要教师根据实际情况恰当使用。

2. 教师应该具备教育技术理论素养

现代教育技术理论素养是指教育技术基础知识和基本理论的总和。基础知识

主要是相关概念术语；基础理论包括教学理论、学习理论、传播理论、媒体应用理论、系统论和方法论等。这是具备良好教育技术素养的前提，要想提高教育技术素养，理论基础不容忽视。第一，教师应该了解教育技术学的基础知识，理解相关概念。基础知识，例如教育技术的发展脉络、教育技术学理论基础、教育技术在教学中的地位作用等；基本概念包括教育技术、教学设计、信息处理、教育信息化、信息素养、信息技术与学科整合等。第二，掌握教与学的理论。教师一方面要掌握关于教的理论，例如明白教学策略、教学过程、教学设计、教学模式、教学方法和教学评价等原理；另一方面要掌握学的理论，例如了解学习方法、学习策略、学习风格和学习过程等。还需要理解行为主义、认知主义、建构主义、人本主义学习理论的基本思想和适用范围。掌握好这些理论是具备良好教育技术素养的基础。第三，掌握传播理论和媒体理论。传播有哪些方式，每种方式的效果如何，什么时候使用媒体，如何选择媒体？这些都是一个教师应该清楚的问题。

3. 教师应该具备教育技术技能素养

教育技术技能素养是指教学技能和媒体技能的总和。它也是教师把教育技术应用于教学的具体体现，任何一种理论都必须借助于技能才可以应用到实践中去。教师在掌握基础理论的前提下，必须掌握一些基本的技能，将理论正确地应用于教学。教师应该具备如下几个方面的技能素养。第一，可以快捷地使用技术获取、处理信息，并会制作必备的教学资源。信息素养中一个重要的内容就是获取、处理信息，这是一个现代教师必须具备的素质。比如一节课需要一些补充资源，教师必须会通过一些技术方法，快速地获得资源，在众多信息中进行处理，得到需要的信息。有时候需要的资源可能不是现成的，这就需要教师具备一些基本的技术，制作一些简单的教学资源。第二，能够科学地进行教学设计，优化教学效果。教学设计从某种程度上反映了一个教师的教学能力，好的教学设计可以优化教学效果。教师在上课前应该对教学内容、教学方法和教学活动进行设计。教师还要具备一些教学技巧，教学技能是在教学过程中的一些技巧，包括导入技巧、讲授技巧、交互技巧、板书技巧和结束技巧等。教师要了解教学过程中的技巧和艺术，在此基础上基本上会将各种技能应用到教学当中。第三，会使用和维护各种媒体，并能够合理地应用于教学。媒体一般是一些比较贵重的教学资源，如果只使用不维护，很容易损坏，所以学会维护媒体是必要的。仅仅学会使用媒体还不够，关键是用好媒体，这就要求教师具备将媒体恰当地应用于教学的能力。第四，能够使用评价方法对课堂、学生进行科学地评价。教学评价是教学活动中一个不可缺少的环节，科学的评价可以帮助我们找出问题，纠正缺点，优化教学效果。所以一个教师应该了解评价方法，并恰当地应用到教学中。

4. 教师应该具备教育技术情意素养

教育技术情意素养是指教师应用技术的伦理道德，继续学习、终身学习的习惯，以及与他人的合作和交流能力。第一，具备社会责任感、法律意识和道德安全意识。作为一个现代教师，应该具备社会责任感、法律意识和道德安全意识。教师在教学活动中要灌输良好情感态度给学生，培养学生健康的人格，这要求教师必须以身作则。第二，教师要养成继续学习和终身学习的习惯。当代社会变化很快，任何一门学科发展也很迅速，一个人的知识结构必须跟着变化。教师在学校学到的知识是很有限的，作为一个教师应该养成终身学习的习惯，只有这样才可以满足社会的要求。第三，教师要具备合作能力和与学生交流的能力。合作能力和沟通能力是信息素养中一个重要组成部分，没有较强合作和交流能力就不能很好的传授知识，解决学生的疑难问题。良好的交流可以帮助学生理解知识，提高学习兴趣。

二、教师专业化发展

1. 专业化

专业化是一个社会学概念，其含义是指一个普通的职业群体在一定时期内，逐渐符合专业标准，承认专门职业并获得相应的专业地位的过程。

霍尔提出了专业化过程的 14 个方面：清楚地定义专业的功能；掌握理论知识；解决问题的能力；实际知识的运用；为维护前途而进行超越专业的自我提高；在基本知识和技术方面的正规教育；对能胜任实践工作的人授予证书或其他称号；专业亚文化群的创建；用法律手段强化专业特权；公众承认的独特作用；处理道德问题的道德实践和程序；对不符合标准的行为的惩处；与其他职业的关系；对用户的服务关系。

2. 教师专业化

何谓教师专业化呢？对于教师专业化的解读是仁者见仁、智者见智。

胥茜在《中国教育报》2002 年 5 月 2 日第 2 版指出：教师专业化是指教师在整个专业生涯中，通过专业训练获得教育专业技能、培养专业道德和专业素质的一个专业成长过程。

刘捷在《专业化：挑战 21 世纪的教师》（教育科学出版社，2002 年版）一书中谈到：教师专业化是指教师在整个专业生活中，通过终身专业训练，习得教育技能，实施专业自主，体现专业道德，逐步提高从教素质，成为教育专业工作者的专业成长过程。即从一个"普通人"变成"教育者"的专业发展的过程。教师专业发展过程不仅是一种认知过程，而且在认知变化的同时还包括情感、价值、需要等多方面变化的过程。

邓金主编的《培格曼最新国际教师百科全书》给出的解释是：教师专业化是职业专业化的一种类型，是指教师“个人成为教学专业成员并在教学中具有越来越成熟的作用这样一个转变过程”。

综合起来，教师专业化是指教师职业具有自己独特的职业要求和职业条件，有专门的培养制度和管理制度。可以从下面几点来进行理解：

第一、教师专业既包括学科专业性，也包括教育专业性，国家对教师任职既有规定的学历标准，也有必要的教育知识、教育能力和职业道德的要求；

第二，国家有教师教育的专门机构、专门教育内容和措施；

第三，国家有对教师资格和教师教育机构的认定制度和管理制度；

第四，教师专业发展是一个持续不断的过程，教师专业化也是一个发展的概念，既是一种状态，又是一个不断深化的过程。

教师专业化应该要求专业教师具备以下素质：有扎实的专业知识、丰富的文化知识；有丰厚的教育学理论素养；有职业理想和追求；热爱教育事业，有较高的道德素养，并且能够把进入更高的境界作为自己修身的自觉追求；经过专门的专业训练，而且有终身学习的迫切愿望和实际行动。

教师专业化是个内涵不断丰富的过程。霍利(Holey)曾把教师专业化界定为两个方面的内容：一是关注一门职业成为专门职业并获得应有的专业地位的过程；二是关注教学的品质、职业内部的合作方式，教学人员如何将其知识技能和工作职责结合起来，整合到同事关系以及与其服务对象的契约和伦理关系所形成的情景中。

教师专业化本质上是个体成长的过程，是教师不断接受新知识，增长专业能力的过程。教师要成为一个成熟的专业人员，需要通过不断的学习与探究历程来拓展其专业内涵，提高专业水平，从而达到专业成熟的境界。教师专业化既是一种认识，更是一个奋斗过程，既是一种职业资格的认定，更是一个终身学习、不断更新的自觉追求。

三、教育技术与教师专业化发展

教育技术素养是现代教师必备的一种能力，教师专业化发展是现代教育发展的历史要求，是现代教育的重要标志，促进教师专业化发展也是世界各国的共同目标。那么教育技术与教师专业化发展有着什么样的关系呢？

1. 教育技术素养是教师专业化发展的要求之一

教师专业素养要求教师具备教育理念、教育知识、教育能力、教育情意，并能够逐步提高专业水平和教学水平。这里的教育理念、教育知识、教育能力、教育情意包含了教育技术素养要求。也就是说，要提高教师专业化发展水平就必须要求教师具备教育技术能力。

教师的专业素质是教师在其专业活动中表现出来的直接决定其专业活动效果的教育品质的总和，是教师教育理念、教育知识、教育能力、教育情意有机结合的统一体，是教师素质结构的核心成分，是教师专业化程度高低的主要标志。教师的专业素质结构包括四个方面：

(1)教育理念，包含教育观、教师观、学生观、教育活动观；

(2)教育知识，包含学科教学法知识、一般教学法知识、课程理论知识、教学情景知识、学习者和学习的知识、教育技术知识、教育科研知识；

(3)教育能力，包含学科教学能力、管理与评价能力、教学监控能力、教育科研能力、教学反思能力、教育信息能力；

(4)教育情意，包含职业理想、敬业精神、教育情感、健康人格。

2. 教育技术是实现教师专业化发展的重要途径

一方面，教育技术的理论基础为教师专业化发展提供理念支持。学习理论与传播理论作为教育技术的理论基础，对教师专业化具有深远影响。学习理论是涉及到人的学习发展的理论，教师专业化正是教师不断学习发展的过程；传播理论则是涉及信息社会中知识的传递、接受的理论，教师的专业发展必须以媒体为中介，以传播理论为支持。另一方面，教育技术的技术手段是教师专业化的技术支持。在教育领域，媒体技术作为教育技术中的物化技术，正如麦克卢汉所言“媒体是人体的延伸”，技术既可以用来加强传统的教学方式，也可以用来改变传统的教学方式。以先进教育理念指导的信息技术在教学中的应用对教学的影响是明显的，只有信息化学习环境，才能对教师转变教学产生巨大的影响作用。

3. 教育技术对教师专业化提出了新要求

在信息化环境下，教师专业知识基础、专业道德、专业技能等内涵发生了新的变化。必须根据目前教师专业发展的现状，结合教师专业本身特性或教师在教育职业活动中的地位、作用，制定教师专业标准，以确保教师专业朝着正确方向发展。前面提到的《中小学教师教育技术能力标准》对教师专业发展提出了四个维度的要求，图 1-3 为教师教育技术能力标准体系。

讨论思考

1. 请谈谈你对教育技术概念的认识与理解。

2. 你认为现代体育教育技术主要研究内容有哪些？

3. 请查阅资料简述信息素养的含义和内容；信息时代体育教师应该具备哪些教育技术能力？

4. 怎样理解教师专业化发展，教育技术与教师专业化有什么样的关系？

第二章　现代体育教育技术理论基础

【学习提示】

在第一章中介绍了教育技术与体育教育技术含义，那么教育技术又来自何方，缘于何处？孰为根基，孰为源泉呢？通常来讲，业内学者普遍认为教育技术学理论基础包括：系统科学理论、传播理论、学习理论和教学理论，本书认为体育教育技术理论基础除了这四大理论外，还应该包括运动训练理论。

学科理论基础是学科的根基，只有掌握了理论基础，才能较好地把握整个学科知识体系，在学习过程中，注重理论与实践相结合，注重对理论的深入理解。

【学习重点】

1. 系统科学理论基本原理
2. 传播理论基本模式
3. 四大学习理论及其代表学者
4. 常见的教学理论
5. 运动训练基本理论

第一节　系统科学理论

系统科学是研究一切系统的原理、模式和规律的科学。系统科学理论认为系统是由若干相互作用、相互依赖的要素组成的具有特定功能的有机整体。系统科学理论包括信息论、控制论、系统论，它是新兴的科学方法论。从系统科学来认识现代教育技术是一个多因素、多层次、多功能的复杂系统，把教育作为一个整体加以分析，统筹全局，立足整体，为教育效果的优化提供了重要手段。

一、系统科学的基本原理

系统科学的基本原理有：整体原理、反馈原理和有序原理，这三大原理也是教育技术取得优化教学效果的重要理论基础。

1. 系统的整体原理

系统性的整体性原理指的是，系统是由若干要素组成的具有一定新功能的有机整体，各个作为系统子单元的要素一旦组成系统整体，就具有独立要素所不具有的性质和功能，而整体的性质和功能不等于各个要素的性质和功能的简单相加。

系统的整体性，常常又被说成系统整体大于部分。所谓的整体大于部分，其实质是说系统的整体具有系统中部分所不具有的性质，系统整体不同于系统的部分的简单相加。一般系统论的创立者贝塔朗菲就曾指出："整体大于部分之和"，其实它的含义不过是组合特征不能用孤立部分的特征来解释。系统是由要素组成的，整体是由部分组成的，要素一旦组合成系统，部分一旦组合成整体，就会反过来制约要素、制约部分。

任何系统的整体功能 $e_{整}$ 等于：各部分功能的总和 $\sum e_{部}$，加上各部分相互联系形成结构产生的功能的总和 $\sum e_{联}$，表示为公式：$e_{整} = e_{部} + e_{联}$。

系统的整体性告诉我们，一个教学系统能够正常运行，关键在于它的各个部分是否组成了整体，各个部分是否能够协调工作，只有组成了整体，整体的功效才能大于各个部分之和。这要求我们在设计教学系统时，综合考虑教师、学生、教学内容和教学媒体等要素之间的关系，这几个部分要能够组成一个合理的教学系统。

2. 系统的反馈原理

系统的反馈原理是指任何系统只有通过信息反馈，才可能实现有效的控制，从而达到预期的目的；反之，没有信息反馈的系统，要实现有效的控制，达到预期的目的是不可能的。

所谓反馈，是指把给定信息作用于对象后产生的结果再输送回来，并对信息的再输入发生影响的一种过程。从信息的输入到信息的输出、再反馈到信息的输入，这形成了一个闭合回路（如图 2－1 所示）。施控系统正是根据反馈信息的量才能比较、纠正和调整它发出的给定信息的量，从而实现对被控对象的控制。反馈有正反馈和负反馈之分，如果反馈信息能够加强控制信息的作用，这种反馈称为正反馈；反之，如果反馈信息的作用与控制信息作用相反，这种反馈称为负反馈。

反馈原理在教育教学中具有普遍的指导意义。教育总是要使受教育者在一定

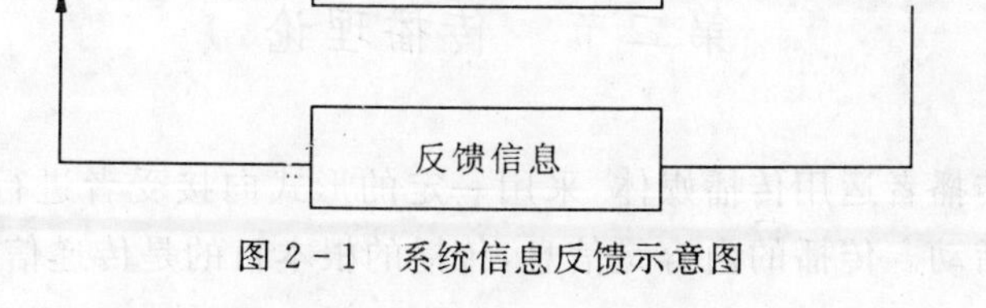

图 2－1　系统信息反馈示意图

的时间内达到一定的目的。是否能达到教育目的,需要随时了解教育的现状,找出现状与目的之间的差距,从而改进我们的教育,这就必须利用反馈原理。如果不经常及时得到反馈信息,这样的教育系统就不能做到有效的控制。任何一门具体学科的教学和具体任务的训练,任何一节教学,任何一项实验等等,都有具体的目的。在教学和训练中,要随时通过反馈信息把握现状与目的之间的差距,从而去调整教学的进度,改进教学方法,做到因材施教。

3. 系统的有序原理

任何系统只有开放、有涨落、远离平衡态,才可能走向有序;或者说,没有开放、没有涨落、处于平衡态的系统,要走向有序是不可能的。

所谓有序,是指信息量走向增加,组织化程度走向增加,即混乱度走向减少。系统由低级的结构变为较高级的结构是有序的;反之是无序的。学习、记忆过程是有序;荒废、遗忘过程是无序。

有序原理告诉我们,应当主动地把自己纳入到一个开放系统之中,尽量争取与外界交换有用的信息,从而取得较大的进步。有序原理要求教学系统是一个开放系统,同时要求教学中要尽可能促进学生思考,使学生大脑也成为开放系统,这样才能促进学习的进步和教育的发展。

二、系统方法的一般步骤

系统方法是运用系统科学的观点和方法处理各类复杂的系统问题,在运用系统方法解决系统问题时,有一个一般的步骤和程序:

(1)系统地分析所要解决问题的目标、背景等因素,确定需要解决的问题;

(2)调研、收集与问题有关的事实、资料和数据,分析各种可能性,提出多个可供选择的解决问题的方案;

(3)比较各种方案,选择其中最优方案;

(4)设计出能体现最优方案的系统;

(5)进行系统开发、实践及评价,分析是否达到了预期效果,发现不足之处及时调整,直到接近理想设计目标为止;

(6)应用并推荐最优方案和系统,并形成系统的体系和结构。

第二节　传播理论

传播是由传播者运用传播媒体,采用一定的形式向接受者进行信息传递和交流的一种社会活动。传播的内容是信息,传播的根本目的是传递信息,它是人与人之间、人与社会之间，通过有意义的符号进行信息传递、信息接受或信息反馈活动的总称。

一、教育传播

教育传播是由教育者按照一定的目的和要求，选定合适的信息内容，通过有效的媒体通道，把知识、技能、思想、观念等传送给特定的教育对象的一种活动，是教育者和受教育者之间的信息交流活动。由于教学过程属于传播活动，传播理论也同样可以解释和指导教学传播过程，所以传播理论是教育技术学的重要理论基础之一。

二、教育传播基本过程

美国政治学家拉斯韦尔在其1948年发表的“传播在社会中的结构与功能”一文中，对人类社会的传播活动进行了分析，这便是著名的“5W”模式。“5W”模式界定了传播学的研究范围和基本内容，影响极为深远。“5W”模式如图2-2所示。

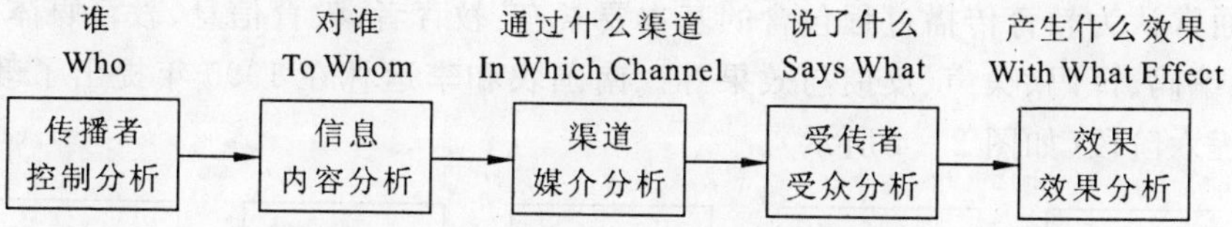

图2-2 “5W”模式传播过程示意图

五个要素又构成了后来传播学研究的五个基本内容，即控制分析、内容分析、媒介分析、受众分析和效果分析。这五个要素各有其自身的特点：

“谁”就是传播者，在传播过程中担负着信息的收集、加工和传递的任务。传播者既可以是单个的人，也可以是集体或专门的机构。

“说什么”是指传播的信息内容，它是由一组有意义的符号组成的信息组合。符号包括语言符号和非语言符号。

“渠道”，是信息传递所必须经过的中介或借助的物质载体。它可以是诸如信件、电话等人际之间的媒介，也可以是报纸、广播、电视等大众传播媒介。

“对谁”，就是受传者或受众。受众是所有受传者，如读者、听众、观众等的总称，它是传播的最终对象和目的地。

“效果”，是信息到达受众之后，在其认知、情感、行为各层面所引起的反应。它是检验传播活动是否成功的重要尺度。

拉斯韦尔的“5W”模式是线性模式，即信息的流动是直线的、单向的。该模式把人类传播活动明确概括为由五个环节和要素构成的过程，是传播研究史上的一大创举，为后来研究大众传播过程提供了具体的依据。但它没能注意到反馈这个要素，忽视了传播的双向性，是孤立性的，忽略了反馈和动机。

布雷多克在拉斯韦尔“5W”模式基础上，于 1958 年提出了“7W”模式，增加了 Why 和 Where，如图 2-3“7W”传播过程示意图，7W 模式使孤立性略有改善，但直线性不变，依然缺乏反馈。

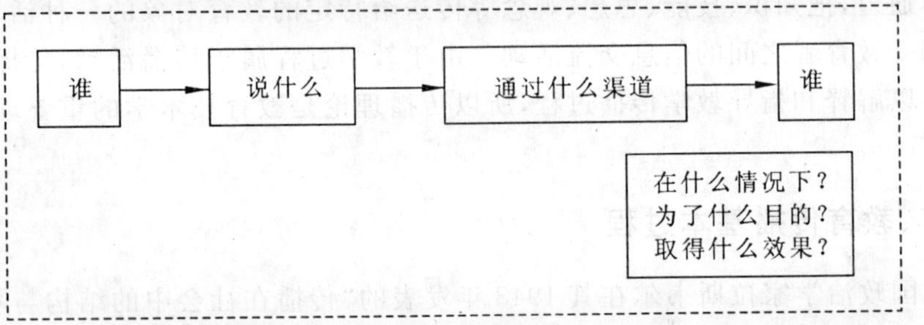

图 2-3　“7W”传播过程示意图

通常认为教育传播过程包含的基本要素有：教育者、教育信息、教育媒体、受教育者、编码、译码、噪声、反馈与效果等。南国农和李运林在 1995 年提出了教育传播过程六阶段（如图 2-4 所示）。

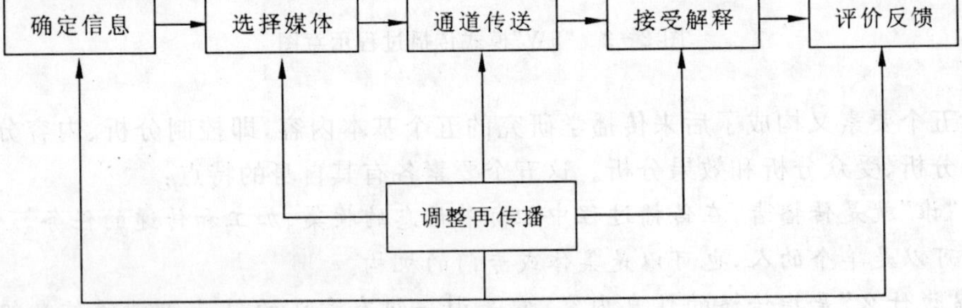

图 2-4　教学传播过程六阶段

1. 确定教育传播信息

教育传播过程的第一步是确定传送的教育信息。教育传播传送的信息，要依据教育目的和课程的教学目标。在这一阶段教师要认真分析教材，进行教学内容分析，将内容分解成若干个知识点，并确定每个知识点要求学习者达到的学习水平。

2. 选择教育传播媒体

选择教育传播媒体去呈现要传送的信息，实质上就是编码的过程。不同的媒体有不同的功能，不同的教育信息、不同的学习者也需要不同的媒体。所以，教师应在分析媒体的功能、教育信息和教育对象特点的基础上，考虑主客观条件进行教学媒体选择，具体如何选择媒体见第四章第二节媒体选择依据。

3. 通道传送

在这一阶段首先要解决两个问题，第一是信号要传送多远，传送多大范围，根据传送要求选择通道；第二是信息内容的先后传送顺序问题，在通道传送前，教师必须做好每一次传送的方案设计，在通道传送时，有步骤地按照教学方案去传送信号。另外，通道传送应尽量减少各种干扰，确保传送信号的质量。

4. 接收和解释

在这一阶段，学生接收信号并将它解释为信息意义，也就是信息译码阶段。受教育者首先通过视、听、触等感觉器官接收传来的信号，信号对感官的刺激通过神经系统传至中枢神经，通过分析将它转换为相应的符号，然后，学生依据自身的知识与经验，将符号解释为信息意义，并将它储存在大脑中，形成一定的知识结构。

5. 评价和反馈

学生接收信号、解释信息意义之后，所形成的信息意义与教师发送的信息含义是否一致，即是否达到了预定的教学目标，要进行评价。评价的方式方法很多，可以观察学生的行为变化，也可以通过课堂提问、课后作业以及阶段性的考试等。评价的结果是教育传播过程中一种非常重要的反馈。

6. 调整和再传送

通过掌握的反馈信息与预定的教学目标比较，发现教育传播过程中的不足，再次调整教育信息、教育媒体和教育传送通道，进行再次传播，以保证传受双方信息含义的一致性。再传送其实就是对教学的补救，形式可能是补充相关内容，也可能是对已传播内容做相关解释说明。

第三节　学习理论

自从有人类就有了学习行为，学习是如何发生的，有哪些规律，学习是以怎样的方式进行的？近百年来，教育学家和心理学家围绕着这些问题，从不同角度，运用不同的方式进行了各种研究，试图回答这些问题，也形成了各种各样的学习理论。在这里我们主要了解几种成熟的理论：行为主义学习理论、认知主义学习理论、人本主义学习理论和建构主义学习理论。

一、行为主义学习理论

行为主义理论又称刺激-反应理论，认为学习是刺激与反应之间的联结，他们的基本假设是：行为是学习者对环境刺激所做出的反应。他们把环境看成是刺激，把伴而随之的有机体行为看作是反应，认为所有行为都是习得的。行为主义理论是当今学习理论的主要流派之一，代表人物有：华生、桑代克和斯金纳。

图 2－5　华生

1. 华生——古典行为主义

约翰·华生(John B. Waston，1878—1958)(如图 2－5 所示)，于 1913 年首先提出行为主义心理学的旗帜，是美国第一个将巴甫洛夫的研究结果作为学习理论基础的人。他认为学习就是以一种刺激替代另一种刺激建立条件反射的过程。在华生看来，人类出生时只有几个反射(如打喷嚏、膝跳反射)和情绪反应(如惧怕等)，所有其他行为都是通过条件反射建立刺激—反应(S－R)联结而形成的。

华生比较著名的是“恐惧形成的实验”(如图 2－6 所示)。第一步，让一个婴儿抚摸一个小白鼠，看上去他玩得很开心；第二步，当小孩玩小白鼠的时候，在周围发出一个刺耳的巨大响声，孩子感觉到了恐惧；第三步，反复步骤二若干次，一周后小孩一看到小白鼠就觉得害怕；第四步，这个实验重复多次以后，他不但惧怕小白鼠，而且害怕兔子，甚至害怕长者的胡须和毛发。

华生是早期行为主义的典型代表，他采用观察法、条件反射法、口头报告法、测

图 2－6　恐惧形成的实验

行为主义学习理论的核心。

斯金纳把行为分成两类：

第一类是应答性行为，这是由已知的刺激引起的反应；与应答性行为相应的是应答性反射；

第二类是操作性行为，是有机体自身发出的反应，与任何已知刺激物无关，与操作性行为相应的是操作性反射。

图 2-9　斯金纳

斯金纳认为，人类行为主要是由操作性反射构成的操作性行为，操作性行为是作用于环境而产生结果的行为。在学习情境中，操作性行为更有代表性。斯金纳很重视操作性条件反射，因为这种反射可以塑造新行为，在学习过程中尤为重要。

斯金纳关于操作性条件反射作用的实验，是在他自己设计的著名斯金纳箱中进行的(如图 2-10 所示)。箱内放进一只白鼠，并设一杠杆或键，箱子的构造尽可能排除一切外部刺激。动物在箱内可自由活动，当它压杠杆或啄键时，就会有一团食物掉进箱子下方的盘中，动物就能吃到食物，箱外有一装置记录动物的动作。

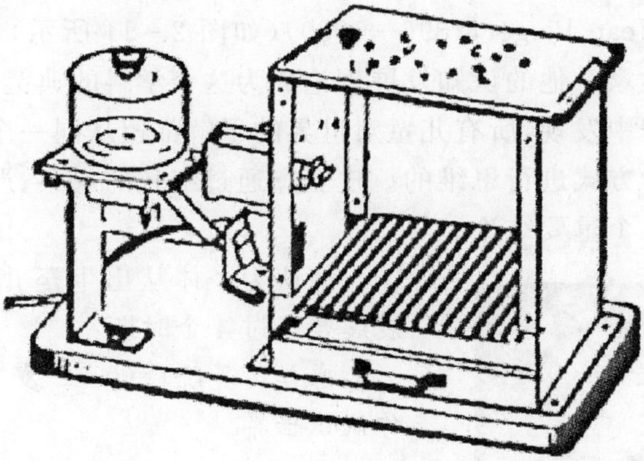

图 2-10　斯金纳箱

斯金纳把动物的学习行为推广到人类的学习行为上，他认为虽然人类学习行为的性质比动物复杂得多，但也要通过操作性条件反射进行。有机体必须先作出所希望的反应，然后得到“报酬”即强化刺激，使这种反应得到强化。斯金纳认为，人的一切行为几乎都是操作性强化的结果，人们有可能通过强化作用的影响去改变别人的反应。在教学方面教师充当学生行为的设计师和建造师，把学习目标分解成很多小任务并且一个一个地予以强化，学生通过操作性条件反射逐步完成学习任务。斯金纳提出了操作性条件作用原理，并对各种强化程序安排的效果作了较为科学而又详细的考察。但是他否定教师的主导作用，忽视了学习过程中人的主观能动性的发挥。

4. 行为主义学习理论评价

行为主义在一定程度上解释了人类部分学习行为，其中一些理论和规律也可以较好地指导动作技能或需要经过反复强化习得的知识。但是它存在着诸多缺陷，行为主义学习理论把人简单地等同于动物的学习，忽视了人的思维过程；行为主义理论认为学习是被动的，这与人类的学习行为不符，也忽视了人的主观能动性；另外它的适应范围也较为有限。

二、认知主义学习理论

认知主义学习理论与行为主义学习理论相对立，认知主义学派认为，学习就是面对当前的问题情境，在内心经过积极的组织，从而形成和发展认知结构的过程，强调刺激反应之间的联系是以意识为中介的，强调认知过程的重要性。其主要代表人物有：皮亚杰、布鲁纳、奥苏伯尔和加涅。

1. 皮亚杰——认知发展理论

让·皮亚杰(Jean Piaget，1896—1980)(如图 2-11 所示)，瑞士人，是近代最著名的儿童心理学家。他的认知发展理论成为这个学科的典范。皮亚杰在从事智力测验的研究过程中发现，所有儿童对世界的了解都遵从同一个发展顺序，他们是以完全不同的思考方式进行思维的。皮亚杰通过细致的观察、严密的研究，得出了关于认知发展的几个重要结论。

图 2-11　皮亚杰

他认为个体从出生至儿童期结束，其认知发展要经过 4 个时期：

感知运算阶段(0～2 岁)，个体靠感觉与动作认识世界。

前运算阶段(2～7 岁)，个体开始运用简单的语言符号从事思考，具有表象思维能力，但缺乏可逆性。

具体运算阶段(7～12 岁)，出现了逻辑思维和零散的可逆运算，但一般只能对具体事物进行运算。

形式运算阶段(12～15 岁)，能在头脑中把形式和内容分开，使思维超出所感知的具体事物或形象，进行抽象的逻辑思维和命题运算。

皮亚杰认为，学习的结果是头脑中认知图式的重建，重要的是儿童思维运演的发展过程。学习从属于发展，知觉受制于心理运演，学习是一种能动建构的过程，错误是有意义的学习所必需的，否定是一种有意义的学习。

2. 布鲁纳——认知发现说

杰罗姆·布鲁纳（Jerome Seymour Bruner，1915—）（如图 2 - 12 所示），美国教育心理学家和教育家，当代认知心理学派和结构主义教育思想的代表人物之一，认知心理学的先驱，是致力于将心理学原理实践于教育的典型代表，也是被誉为杜威之后对美国教育影响最大的人。他主要从事人的知觉、学习、思维、记忆等一系列研究。

图 2 - 12　布鲁纳

布鲁纳学习理论主要观点有：认知学习观、结构教学观和学习发现法。

(1)认知学习观。

◆ 学习的实质在于主动地形成认知

学习的本质不是被动地形成刺激—反应的联结，而是使学生主动地形成认知结构，学习者不是被动地接受知识，而是主动地获取知识。学习者通过把新获得的信息和已有的认知结构联系起来，进而积极地构成自己的知识体系。

认知结构，就是编码系统，其主要成分是“一套感知的类目”。学习就是类目及其编码系统的形成，认为一切知识都是按照编码系统排列和组织的。

编码系统：是人们对环境中的信息加以分组和组合的方式，并且是不断变化和重组的。它的一个重要特征是对相关的事物类别做出层次结构的安排。

◆ 学习包括获得、转化和评价三个过程

布鲁纳认为，“学习一门学科，包括三个几乎同时发生的过程”。这三个过程是：新知识的获得、知识的转化、知识的评价。

(2)结构教学观。

教学的目的在于理解学科的基本结构，布鲁纳强调学生学习的积极性和主动性，强调认知结构的重要性。他主张教学的最终目标是促进对学科结构的一般理解，掌握学科基本结构要满足动机原则、结构原则、程序原则和强化原则。

动机原则：内在动机是维持学习的基本动力。儿童具有三种最基本的内在动机：第一，好奇的内驱力；第二，胜任的内驱力；第三，互惠的内驱力。以上这三种基本的内在动机都具有自我奖励的作用，其效应不是短暂的，而是长期的。

结构原则：人有三种表征系统，这三种表征系统也是人成功地理解知识的手段。动作表象是凭借动作进行学习的，无需语言的帮助；图像表象是借助图像进行学习的，以感知材料为基础；符号再现表象是借助语言进行学习的，经验一旦转化为语言，凭借逻辑推导就能进行。任何知识结构都可以通过这三种表象形式进行呈现，为了促进学生的学习，教师选用哪种呈现形式应考虑到学生的年龄、知识、背景和学科的性质。

程序原则：教学就是引导学习者通过一系列有条不紊地陈述问题或大量知识的结构，以提高学生知识的掌握、转化和迁移能力。通常每门学科都存在着各种不同的序列，它们对于学习者来说有难有易，不存在对所有学习者都适用的唯一序列。而且在特定的条件下，任何具体的序列总是取决于许多不同的因素，包括过去所学的知识、智力发展的阶段、材料的性质和个体差异等，因此，安排序列必须考虑儿童智力发展的历程，考虑学生处理信息的能力。

强化原则：为了提高学习的效率，学习者必须获得反馈，这种反馈对学生的学习起着强化作用。因此，教学规定适当的强化时间和步调是学习成功的重要环节。除了强化时间的安排以外，要想强化有效果，反馈必须被学生所理解。同时布鲁纳也认为，教学是一种暂时状态，其目的是促进学生的自我学习，学习者不能总是依赖教师的强化，必须逐渐地形成自我矫正的能力。

(3)发现学习法。

布鲁纳认为“发现是教育儿童的主要手段”，学生掌握学科的基本结构的最好方法是发现法。发现就是“用自己的头脑亲自获得知识的一切形式。”教学不应当使学生处于被动地接受知识的状态，而应让“学生自己把事物整理就绪，使自己成为发现者”。发现法的一般步骤是：

◆ 提出和明确使学生感兴趣的问题；

◆ 使学生对问题体验到某种程度的不确定性，以激发探究的欲望；

◆ 提供解决问题的各种假设；

◆ 协助学生搜集和组织可用作结论的资料；

◆ 组织学生审查有关资料，得出应有的结论；

◆ 引导学生运用分析思维去验证结论，最终使问题得到解决。

教师的作用在于：鼓励学生有发现的自信心，激发学生的好奇心和求知欲，帮助学生寻找新问题与已知知识的联系，训练学生运用知识解决问题的能力，协助学生进行自我评价，启发学生进行对比。

3. 奥苏伯尔——认知同化理论

奥苏伯尔(D. P. AuSubel，1918—2008)(如图 2－13 所示)，当代美国著名的教育心理学家，纽约市立大学研究生院荣誉教授，他在语言学习研究方面作出了巨大贡献。

(1)有意义的学习理论。

奥苏伯尔根据学习的内容，把学习分为机械学习与有意义的学习；根据学习的方式，把学生的学习分为接受学习和发现学习。有意义学习过程的实质，就是使符号所代表的新知识与学习者认知结构中已有的适当概念建立非人为的和实质性的联系。有意义学习理论强调在新知识的学习中，认知结构中的原有适当观念起决定作用，这种原有的适当观念对新知识起固定作用。有意义学习需具备的条件是：学习材料对学生而言有潜在意义，学生头脑中有同化新学习材料的知识，学生具有有意义学习的意向。

图 2-13　奥苏伯尔

接受学习：学生把以定论的形式呈现给自己的学习材料与其已形成的认知结构联系起来加以掌握的一种学习方式。

发现学习：是在教师不加讲述的情况下，学生依靠自己的力量去获得新知识、寻求解决问题方法的一种学习方式。发现学习依靠学习者的独立发现。

机械学习：不加理解、反复背诵的学习，亦即对学习材料只进行机械识记。

先行组织者策略是奥苏贝尔的有意义接受学习理论的一个重要组成部分。奥苏贝尔认为，能促进有意义学习的发生和保持的最有效策略，是利用适当的引导性材料对当前所学新内容加以引导。

先行组织者是先于学习任务本身呈现的一种引导性材料，它既可以在抽象和概括水平上高于新学习材料，也可以低于新学习材料。组织者可根据它的作用而分为两类：一类是陈述性的组织者，它的作用在于为新知识的学习提供起固定作用的旧知识，提高有关旧知识的可利用性；另一类是比较性组织者，它的作用在于比较新知识与认知结构中有关相似知识的区别和联系，从而增强似是而非的新旧知识之间的可辨别性。

(2)学习迁移理论。

学习迁移一般指一种学习中习得的经验对其他学习的影响。学习迁移并不是自动发生的，它要受某些条件的限制，其中最主要的影响因素有学习对象的共同因素、原有经验的概括水平、迁移的认知技能水平。奥苏伯尔将这些因素表述如下：

第一，学习内容的共同因素。迁移都要通过新旧学习中的经验进行分析进而概括出其共同的经验成分才能实现。因此，在进行迁移时，学习内容在客观上要有共同因素。

第二,原有经验的概括水平。这里的迁移不是相同经验的迁移,而是概念原理的迁移,尤其是指下位学习的迁移。心理学的研究和实验表明,经验的概括水平越高,迁移的可能性就越大,效果也就越好。

第三,迁移的认知技能水平。迁移过程是通过复杂的认知活动实现的,认知技能是否掌握,会影响迁移的实现。

(3)成就动机理论。

奥苏贝尔主要关注的是成就动机,即学生试图获取好成绩的倾向。与众不同的是,在奥苏贝尔看来,成就动机主要由三方面的驱力所组成:认知内驱力、自我提高内驱力和附属内驱力。

认知内驱力是成就动机三个组成部分中最重要、最稳定的部分,它大都是存在于学习任务本身之中的。所谓认知内驱力,就是指学生渴望认知、理解和掌握知识,以及陈述和解决问题的倾向。简言之,即一种求知的需要。这是意义学习中最重要的一种动机。它发端于学生好奇的倾向,以及探究、操作、理解和应付环境的心理倾向。

自我提高内驱力是一种通过自身努力,胜任一定的工作,取得一定的成就,从而赢得一定的社会地位的需要。它与认知内驱力的区别在于:认知内驱力的指向是知识内容本身,它以获得知识和理解事物为满足;自我提高的内驱力指向的是一定的社会地位,它以赢得一定的地位为满足。

附属内驱力是指个人为了保持长者们或权威们的赞许或认可,而表现出来的一种把学习或工作做好的需要。对于学生来说,附属的内驱力表现为:学生为了赢得家长或教师的认可或赞许而努力学习,取得好成绩的需要。

奥苏贝尔的学习理论对指导教学具有重要意义和贡献:奥苏贝尔的有意义言语信息学习揭示了学生知识学习的最本质的特征之一;奥苏贝尔对有意义学习的实质、条件和类型的阐述是严谨和有说服力的;学生的学习以有意义的接受学习为主具有较强指导意义;奥苏贝尔成就动机的三种内驱力说,恰当地概括了学生学习的三种动力来源;奥苏贝尔提倡的课堂讲授教学模式是最经济、最便捷、最有效的教学方式;奥苏贝尔创立并提倡"先行组织者"教学模式是课堂讲授教学普遍采用的教学策略和方法之一。当然他的理论也存在一些局限性,比如只注重知识的迁移,忽略了学习方法和学习策略的迁移;他提倡讲授式教学,忽略了学生自主学习的效果等。

4. 加涅——信息加工理论

罗伯特·加涅(R. M. Gagne,1916—2002)(如图 2-14 所示),是美国当代著名心理学家,后半生将主要精力集中于学习理论、教学理论、教学设计乃至教育技术学基础理论的研究中,并成为心理学、教学论、教育技术学等多个研究领域公认的大师级人物。他的学习理论包括学习结果分类理论、学习层次论、学习过程论和学习条件论。

图 2-14　罗伯特·加涅

(1)学习结果分类理论。

加涅将人类学习分成五类,分别是言语信息、智力技能、认知策略、动作技能和态度。这五类学习代表了个体所获得的所有学习结果。

言语信息:就是学习者学会陈述事实或观点的能力。

智力技能:是指学习者通过学习获得了使用符号与环境相互作用的能力,分为四个层次:辨别、概念、规则和高级规则。

认知策略:是学习者借以调节他们自己的注意、学习、记忆和思维等内部过程的技能。

动作技能:学习者学习由肌肉运动所形成的综合活动的能力。

态度:通过学习形成的影响个体行为选择的内部状态。

(2)学习层级论。

加涅认为人类的学习是复杂多样的,是有层次性的,总是由简单的低级学习向复杂的高级学习发展,构成了一个依次递进的层次与水平。而简单的低级学习是复杂高级学习的基础。1968 年,他把人类的学习分为八个层次:信号学习、刺激反应学习、连锁学习、言语联结学习、辨别学习、概念学习、原理(规则)学习、解决问题(高级规则)学习。

(3)学习过程论。

加涅认为学习是个体的一整套内部加工过程。在这个过程中,个体把环境中的刺激转化为能进入长时间记忆状态的信息,任何一个学习过程也是有层次性的,都是由一个个具体的学习阶段构成的。他把学习过程依次分为八个阶段:

动机阶段:一定的学习情境成为学习行为的诱因,激发个体的学习活动,在这个阶段要引发学生对达到学习目标的心理预期。

领会阶段:也称了解阶段,在这个阶段中,教学的措施要引起学生的注意,提供刺激,引导注意,使刺激情境的具体特点能被学生有选择的感知到。

获得阶段:这个阶段起着编码的作用,即对选择的信息进行加工,将短时记忆转化为长时记忆的持久状态。

保持阶段:获得的信息经过复述、强化之后,以一定的形式(表象或概念)在长时记忆中永久地保存下去。

回忆阶段:这一阶段为检索过程,也就是寻找储存的知识,使其复活的过程。

概括阶段：把已经获得的知识和技能应用于新的情境之中，这一阶段涉及到学习的迁移问题。

操作阶段：也叫作业阶段。在此阶段，教学的大部分是向学生提供应用知识的机会，使学生显示出学习的效果，并且同时为下阶段的反馈做好准备。

反馈阶段：学习者因完成了新的作业并意识到自己已达到了预期目标，从而使学习动机得到强化。加涅认为："值得注意的是强化主宰着人类的学习，因为学习动机阶段所建立的预期，此刻在反馈阶段得到了证实。"

(4)学习条件论。

人类的学习活动受内部的和外部的两大类条件制约。内部条件是指以前习得的知识技能、动机和学习能力等。外部条件是指输入刺激的结构和形式，不同的学习内容需要不同的外部条件。加涅认为，教育是学习的一种外部条件，其成功与否在于是否有效地适合和利用内部条件。学习的每个阶段都有其各自的内部心理过程和影响它的外部事件。教学就是遵循学习者学习过程的特点，安排适当的外部学习条件。教师是教学设计者和管理者，也是学生学习的评价者，他担负发动、激发、维持和提高学生的学习活动的教学任务。加涅的学习条件论提醒教师，提高教学质量要重视学习者的外部条件，并应创造良好的教学环境和条件。

5. 认知主义学习理论评价

认知主义学习理论为教学论提供了理论依据，丰富了教育心理学的内容，为推动教育心理学的发展立下了汗马功劳，为教育技术学科发展奠定了理论基础。认知派学习理论的主要贡献：一是重视人在学习活动中的主体价值，充分肯定学习者的主观能动性；二是强调认知、意义理解、独立思考等意识活动在学习中的重要地位和作用；三是重视人在学习活动中的准备状态；四是主张人的学习的创造性。

认知学习理论忽视了学习过程中的非智力因素。学习心理由智力因素与非智力因素两大部分组成。智力因素是学习过程的心理基础，对学习起直接作用；非智力因素是学习过程的心理条件，对学习起间接作用。只有使智力因素与非智力因素紧密结合，才能使学习达到预期的目的，而认知主义学习理论对非智力因素的研究是不够重视的。

三、建构主义学习理论

建构主义也称为"结构主义"，其最早提出者可追溯至瑞士的皮亚杰，其他建构主义理论的主要代表人物还有斯滕伯格、卡茨、维果斯基等。建构主义认为学习是在一定的情境即社会文化背景下，借助其他人的帮助即通过人际间的协作活动而实现的意义建构过程。

1. 建构主义的知识观

(1)知识不是对现实的纯粹客观的反映,任何一种记载知识的符号系统也不是绝对真实的表征。

(2)知识并不能绝对准确无误地概括世界的法则,提供对任何活动或问题解决都有效的方法。

(3)知识不可能以实体的形式存在于个体之外,尽管通过语言赋予了知识一定的外在形式,并且获得了较为普遍的认同,但这并不意味着学习者对这种知识有同样的理解。

2. 建构主义的学习观

(1)学习不是由教师把知识简单地传递给学生,而是由学生自己建构知识的过程。

(2)学习不是被动接收信息刺激,而是主动地建构意义,是根据自己的经验背景,对外部信息进行主动地选择、加工和处理,从而获取自己的意义。

(3)学习意义的获得,是每个学习者以自己原有的知识经验为基础,对新信息重新认识和编码,建构自己的理解。

(4)同化和顺应是学习者认知结构发生变化的两种途径或方式。同化是认知结构的量变,而顺应则是认知结构的质变。

3. 建构主义师生观

(1)教师的角色是学生建构知识的忠实支持者。教师的作用从传统的传递知识的权威转变为学生学习的辅导者,成为学生学习的高级伙伴或合作者。

(2)教师要成为学生建构知识的积极帮助者和引导者,应当激发学生的学习兴趣,引发和保持学生的学习动机。

4. 建构主义的学习环境

建构主义认为,学习者的知识是在一定情境下,借助于他人的帮助,如人与人之间的协作、交流、利用必要的信息等,通过意义的建构而获得的。

理想的学习环境应当包括情境、协作、交流和意义建构四个部分。

(1)情境,学习环境中的情境必须有利于学习者对所学内容的意义建构。在教学设计中,创设有利于学习者建构意义的情境是最重要的环节或方面。

(2)协作,应该贯穿于整个学习活动过程中。教师与学生之间,学生与学生之间的协作,对学习资料的收集与分析、假设的提出与验证、学习进程的自我反馈和学习结果的评价以及意义的最终建构都有十分重要的作用。

(3)交流,是协作过程中最基本的方式或环节。比如学习小组成员之间必须通过交流来商讨如何完成规定的学习任务达到意义建构的目标,怎样更多的获得教师或他人的指导和帮助等。

(4)意义建构,是教学过程的最终目标。其建构的意义是指事物的性质、规律以及事物之间的内在联系。

5. 建构主义的教学原则

(1)尽量为学生创建真实的学习情境;

(2)尽量设计真实的任务;

(3)教学以学生为中心;

(4)尊重学生个性化发展;

(5)注重互动的学习方式;

(6)注重学生先前的学习经验;

(7)帮助学生主动建构地学习;

(8)引导学生诊断性学习与反思性学习。

6. 建构主义学习理论评价

建构主义者在吸收维果斯基、加涅、皮亚杰、布鲁纳等思想的基础上,提出的许多富有创见的教学思想,如强调学习过程中学习者的主动性、建构性;对于学习做了初级学习与高级学习的区分,批评传统教学中把初级学习的教学策略不合理地推及到高级学习中;提出合作学习、情境性学习等,对深化当前的教育教学改革具有深远的意义。

但是,传统教学重视知识的确定性和普遍性,注重分析和抽象,这在学习的初级阶段是必要且有其合理性的,建构主义者全盘否定它,同样会犯以偏概全,以特殊代替一般的错误。提倡情境性教学,力主具体和真实,但由此而反对抽象和概括,认为进行抽象的训练是没有用的,也是片面的。

四、人本主义学习理论

人本主义心理学是20世纪五六十年代在美国兴起的一种心理学思潮,其主要代表人物是马斯洛和罗杰斯。人本主义的学习观与教学观深刻地影响了世界范围内的教育改革,是与程序教学运动、学科结构运动齐名的20世纪三大教学运动之一。

1. 马斯洛需求层次理论

马斯洛(Abraham Maslow,1908—1970)(如图2-15所示),美国著名的社会心理学家。他是人本主义运动的发起者之一和人本主义心理学的重要代表。他的需要层次理论和自我实现理论是人本主义心理学的重要理论。

马斯洛的需要层次论认为,人类动机的发展和需要的满足有密切的关系,需要的层次有高低不同,低层次需要的满足或基本满足有助于高层次动机的出现。他把人类需要分为五个层次:生理需求、安全需求、社交需求、尊重需求、自我实现需求,并且这些层次需求依次由较低层次到较高层次排列(如图 2-16 所示)。马斯洛的需要层次说有以下特点:

图 2-15 马斯洛

(1)五种需要像阶梯一样从低到高,按层次逐级递升,但这样次序不是完全固定的,可以变化,偶有例外。

(2)需求层次理论有两个基本出发点:一是人人都有需要,某层需要获得满足后,另一层需要才出现;二是在多种需要未获满足前,首先满足迫切需要;该需要满足后,后面的需要才显示出其激励作用。

(3)某一层次的需要相对满足了,就会向高一层次发展,追求更高一层次的需要就成为驱使行为的动力。

(4)五种需要可以分为两级,其中生理需要、安全需要和社交需要都属于低一级的需要,这些需要通过外部条件就可以满足;而尊重的需要和自我实现的需要是高级需要,他们是通过内部因素才能满足的,而且一个人对尊重和自我实现的需要是无止境的。

(5)一个地区多数人的需要层次结构,同这个地区的经济发展水平、科技发展水平、文化和人民受教育的程度直接相关。在不发达地区,生理需要和安全需要占主导的人数比例较大;在发达地区,刚好相反。

(6)自我实现指创造潜能的充分发挥,追求自我实现是人的最高动机,它的特征是对某一事业的忘我献身。

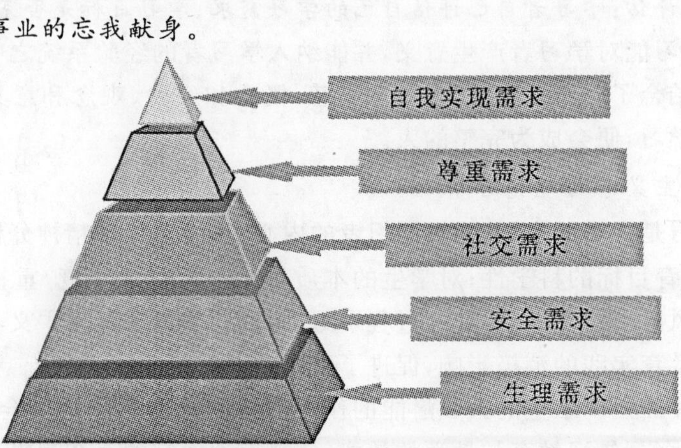

图 2-16 需求层次理论

图 2-17　罗杰斯

2. 罗杰斯人本主义理论

罗杰斯(Carl R. Rogers,1902—1987)(如图 2-17 所示),美国人本主义心理学的理论家和发起者、心理治疗家。他的自我论与马斯洛的自我实现论基本观点是一致的,都认为人有追求自我价值实现的趋向。但他更强调人的自我指导能力,相信经过引导人能认识自我实现的正确方向,这成为他的心理治疗和咨询以及教育理论的基础。

罗杰斯认为学习分为无意义音节学习和有意义学习。有意义学习,不仅仅是一种增长知识的学习,而且是一种与每个人各部分经验都融合在一起的学习,是一种使个体的行为、态度、个性以及在未来选择行动取向时发生重大变化的学习。在这里,我们必须注意罗杰斯的有意义学习和奥苏伯尔的有意义学习的区别。前者关注的是学习内容与个人之间的关系;而后者则强调新旧知识之间的联系,它只涉及理智。对于有意义学习,罗杰斯认为主要具有四个特征:

(1)全神贯注:整个人的认知和情感均投入到学习活动之中。

(2)自动自发:学习者由于内在的愿望主动的、自发的去探索、发现和了解事物的意义。

(3)全面发展:学习者的行为、态度、人格等获得全面发展。

(4)自我评估:学习者自己评估自己的学习需求、学习目标是否完成等。

因此,学习能对学习者产生意义,并能纳入学习者的经验系统之中。总之,“有意义的学习结合了逻辑和直觉、理智和情感、概念和经验、观念和意义。若我们以这种方式来学习,便会成为完整的人。”

3. 人本主义学习理论评价

强调学习是人格的发展,重视学习者的内心世界;消除了精神分析的悲观论倾向,增强了教育目标的科学性;对学生的本质持积极乐观的态度,重视教师的态度定势与教学风格,重视意义学习与过程学习,有力地冲击了行为主义与精神分析对教育理论与教育实践的消极影响,促进了当时的教育改革。

但是它片面强调学生的天赋潜能的作用而无视人的本质的社会性;过度强调学生的中心地位;忽视教育与教学的效能,忽视教学内容的系统逻辑性和教师在学习中的主导作用。

第四节 教学理论

教学理论是指为了合理设计教学情境，以期达到教育目的所建立的一套具有方法体系的系统理论。教学理论学说较多，这里我们简单介绍有代表性、影响力较大的学说。

一、布鲁纳——发现教学法

杰罗姆·布鲁纳(Jerome Seymour Bruner,1915—)，美国教育心理学家和教育家。他所倡导的发现法，又称探索法、问题教学法。他主张教师在引导学生学习概念和原理时，只是给他们一些事实(事例)和问题，让学生积极思考，独立探究，自行发现并掌握相应的原理和结论的一种方法。它的指导思想是以学生为主体，独立实现认知过程。

发现教学法在教学活动中，引导学生主动积极参与，经过尝试错误，自己得出结论。布鲁纳认为发现教学法能帮助学生对自己的学习负责，记住重要的信息；发现教学法强调高度的思维，注重内在而非外在动机。发现教学法教学设计要满足四大原则：

◆ 要想学生在学习情境中，经由主动发现而获得知识，教师必须先将学习情境及教材性质解说得非常清楚。

◆ 教师在从事教学时，必须配合学生习得经验，将所授教材做适当组织。

◆ 教材的难度与逻辑上的先后顺序，必须针对学生的心智发展水平及认知表征方式做适当的安排。

◆ 在教材的安排上，必须考虑学生学习动机的维持。

发现教学模式的基本程序是：问题——假设——验证——总结提高。

问题：教师在创设教学条件、环境的基础上，提出问题，引导学生进行积极思考。

假设：教师尽量在诱发性的问题情境中引导学生通过分析、综合、比较、类推等方法不断产生假设，并围绕假设进行推理，引导他们将已有的各种片断知识从各个不同的角度加以分析，从中发现必然联系，逐步形成比较正确的概念。

验证：用其他类似的事例来对照检验已获得的概念的正误，靠进一步的定性分析使自己有一个较明确的判断。

总结提高：引导学生对认知的性质及其发展的过程作出总结，从中找出规律，求得在后来的认知和发展中有进一步的借鉴意义。

发现教学法过分强调学习者主观努力的作用，而忽视环境和学习者自身条件等因素对学习的影响。

二、布卢姆——掌握学习模式

布卢姆(B. S. Bloom，1913—1999)(如图 2 - 18 所示)，芝加哥大学名誉教授，著名的教育心理学家，主要研究教学过程的变革。布卢姆创立的理论有：教育目标分类学、形成性评价理论、掌握学习理论，这里主要介绍掌握学习理论。

图 2 - 18　布卢姆

掌握学习理论认为只要用于学习的有效时间足够长，所有的学生都能达到课程目标所规定的掌握标准。所以，在集体教学中，教师要为学生提供经常、及时的反馈以及个别化的帮助，给予他们所需要的学习时间，让他们都达到课程的目标要求。掌握学习模式的提出主要是为了解决学生的学习效率问题，以大面积提高学习的质量。实施掌握学习教学模式的一般步骤为：

◆ 诊断性评价，测试学生现有的水平，明确教学的方向；

◆ 实施集体教学；

◆ 针对所学的单元进行形成性测验，测查学生的进步情况和存在的问题；

◆ 让已经掌握的学生进行巩固性、扩展性的学习，对未掌握的学生进行帮助和矫正，再次测验，直至达到掌握目标，掌握正确率达到 80%～85%即为通过；

◆ 进入下一单元的学习；

◆ 在一学期结束或几个章节全部内容学习完毕后进行总结性测验。

掌握学习模式强调把诊断性测验、形成性测验和总结性测验结合起来，而且在评价学生时提倡用绝对标准，即按照每个学生达到目标的情况进行评价，而不是给学生排名次。掌握学习模式强调的是因材施教，帮助大多数学生都达到课程目标所规定的掌握标准。另外，这种教学模式不从根本上改变班级的组织，在普通的班级里就可以实施，因此在世界上许多国家都得到了广泛的采用。当然，这种学习模式对于成绩较差或一般的学生更为有利，但对于优等生来说则并不太适应。

三、加涅——指导教学模式

当代美国心理学家罗伯特·加涅(R. M. Gagne，1916—2002)，是指导教学模式的大力提倡者。他的指导学习法是以程序原则为依据，主张最大限度地指导学习者，并仔细地编排学习任务的程序。

指导教学是在教育者仔细指导下，按规定程序来进行的学习。所谓规定的程序，既可以是程序化的教材，也可以是能逐步作出明确指导的“程序化”教师。虽然程序是规定好的，但学习者从事学习活动、解决问题常常不是消极被动的。

四、克拉夫基——范例教学

范例教学理论是由德国的克拉夫基和M.瓦根舍因等人提出的。范例教学是借助精选教材中的示范性材料使学生从个别到一般，掌握规律性知识，并发展其能力的一种教学模式。范例教学是通过个别的“范例”即关键性问题来掌握一般的科学原理和科学方法。范例的实施程序如下：

◆ 阐明“个”的阶段；

◆ 阐明“类”的阶段；

◆ 掌握规律和范畴的阶段；

◆ 获得有关世界经验和生活经验的阶段。

范例教学模式侧重于教学内容的优化组合，使学生通过范例性材料，举一反三地理解和接受基础性的知识，训练独立思考和判断能力。当然，从个别、类再到普遍规律的认识程序，不是学生掌握知识的唯一途径。克拉夫基自己也认为，不是所有的知识都能够和需要通过范例形式来获得的。这一教学模式的问题和困难主要在于教材的编排方面，难以使各个部分同整个知识体系有机衔接起来。

五、巴班斯基——最优化教学

巴班斯基(1927—1987)，苏联当代很有影响的教育家。巴班斯基毕生致力于教育科学研究。20世纪60年代初至80年代中，他以罗斯托夫地区的普通学校为基地，潜心进行教育教学过程最优化理论的研究，形成了具有丰富内容和积极现实意义的、颇有新意的完整的教学理论，在苏联和世界各国引起了强烈反响。

最优化教学是在全面考虑教学规律、原则、现代教学的形式和方法、教学系统的特征以及外部条件的基础上，教师对教学过程作出的一种目的非常明确的安排，是教师有意识地、有科学地选择一种最适合于某一具体条件的课堂教学模式，组织对教学过程的控制，以保证教学过程在规定的时间内发挥最优的作用，获得可能的最大效果。教学过程最优化程序如下：

◆ 教学目的与教学任务的分析；

◆ 学生学习情况的分析；

◆ 教师的自我分析；

◆ 选择最佳综合性手段与方案；

◆ 逐步地去完成该项教学任务;

◆ 按最优化的标准分析教学情况。

巴班斯基从辩证的系统结构论出发,使发展性教学的所有研究成果都在教学过程最优化理论体系中占据恰当的位置,通过教学过程最优化体现出发展性教学的最优效果。尽管这一理论体系存在着步骤繁琐、对学生创造力的培养不够重视等缺点,但仍是一个很有价值的理论体系。

六、加德纳——多元智能理论

霍华德·加德纳(1943—)(如图 2-19 所示),是世界著名教育心理学家,其最为人知的成就是“多元智能理论”,被誉为“多元智能理论”之父。美国哈佛大学教育研究生院心理学、教育学教授,波士顿大学医学院精神病学教授。

图 2-19 霍华德·加德纳

多元智能理论认为:智能是在某种社会或文化环境的价值标准下,个体用以解决自己遇到的真正难题或生产及创造出有效产品所需要的能力。具体来说,每一个体的智能各具特点,个体智能的发展方向和程度受环境和教育的影响和制约,智能强调的是个体解决实际问题的能力和生产及创造出社会需要的有效产品的能力,多元智能理论重视的是多维地看待智能问题的视角。

加德纳认为,支撑多元智能理论的是个体身上相对独立存在着的、与特定的认知领域和知识领域相关联的 8 种智能:语言智能、节奏智能、数理智能、空间智能、动觉智能、自省智能、交流智能和自然观察智能(如图 2-20 所示)。

言语—语言智能:听、说、读和写的能力,表现为个人能够顺利而高效地利用语言描述事件、表达思想并与人交流的能力。

音乐—节奏智能:感受、辨别、记忆、改变和表达音乐的能力,表现为个人对音乐包括节奏、音调、音色和旋律的敏感以及通过作曲、演奏和歌唱等表达音乐的能力。

逻辑—数理智能:运算和推理的能力,表现为对事物间各种关系如类比、对比、因果和逻辑等关系的敏感以及通过数理运算和逻辑推理等进行思维的能力。

视觉—空间智能:感受、辨别、记忆和改变物体的空间关系并借此表达思想和感情的能力,表现为对线条、形状、结构、色彩和空间关系的敏感以及通过平面图形

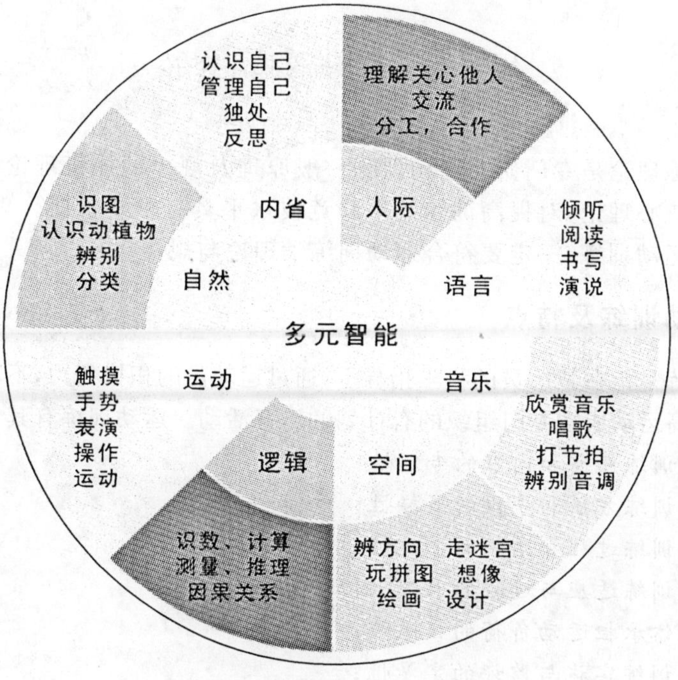

图 2-20　多元智能结构

和立体造型将它们表现出来的能力。

身体—动觉智能：运用四肢和躯干的能力，表现为能够较好地控制自己的身体，对事件能够做出恰当的身体反应以及善于利用身体语言来表达自己的思想和情感的能力。

自知—自省智能：认识、洞察和反省自身的能力，表现为能够正确地意识和评价自身的情绪、动机、欲望、个性、意志，并在正确的自我意识和自我评价的基础上形成自尊、自律和自制的能力。

交往—交流智能：与人相处和交往的能力，表现为觉察、体验他人情绪、情感和意图并据此做出适宜反应的能力。

自然观察智能：个体辨别环境（不仅是自然环境，还包括社会环境）的特征并加以分类和利用的能力。

多元智能理论有助于我们形成正确的智力观、教学观、评价观、学生观，引导教师和家长对学生和孩子进行因材施教，正确去看到学生学习成绩，全面去评价一个学生，对教育教学改革具有重要理论与实践价值。

第五节　运动训练理论

运动训练理论是专门研究运动训练一般原理及规律的体育理论,是指导运动训练工作的核心理论,对提高训练效果和竞技水平具有重要价值。现代体育教育技术要辅助运动训练,一定要符合运动训练学理论与规律。

一、运动训练及特点

运动训练是指在教练员的科学指导下,通过运动员的积极努力,不断挖掘自身潜力并不断提高运动成绩专门组织的有计划的体育活动。运动训练有其自身特点:

◆ 运动训练任务和内容的专门性;

◆ 运动训练方法和手段的多样性;

◆ 运动训练过程和结构的系统性;

◆ 运动训练适应与过程的长期性;

◆ 有机体承担运动负荷的极限性;

◆ 运动训练实施与监评的定量性;

◆ 运动训练器材与仪器的科学性;

◆ 运动训练环境与氛围的适宜性。

二、项群训练理论

运动训练在专项训练过程中发展起来了各个专项的训练规律,在此基础上建立了一般训练理论。人们在探讨研究众多竞技运动项目共同规律的过程中意识到:在许多方面常常难以将不同项目所具有的多种特点简单地作出概括和归纳。但是如果将某几个项目放在一起进行比较,它们之间的许多共同的特点立即清晰地呈现出来。田麦久教授将运动项目的类属聚合命名为"项群",揭示项群训练基本规律的理论命名为"项群训练理论"。

项群训练理论是竞技体育的一般训练理论和专项训练理论之间的一个衔接,它是以不同项目的本质属性所引起的项目之间的异同点为依据,将一组具有相似竞技特征及训练要求的运动项目放在一起进行研究。项群理论认为在技能类项目中有表现难美性、表现准确性、隔网对抗性、同场对抗性、格斗对抗性 5 个项群;在体能类项目中有快速力量性、速度性、耐力性 3 个项群。

◆技能主导类表现难美性项群包括跳水、体操、艺术体操、花样滑冰、花样游泳和技巧、武术套路等竞技项目。

◆技能主导类表现准确性项群主要包括射箭、射击和弓弩 3 个竞赛项目。

◆技能主导类格斗对抗性项群包括摔跤、拳击、击剑、柔道、跆拳道等项目。具有一对一竞技、按体重分级别比赛、以绝对胜利或得分取胜等竞技特点。

◆技能主导类隔网对抗性项群包括乒乓球、羽毛球、网球、软式网球、排球、沙滩排球、藤球和毽球等项目。

◆技能主导类同场对抗性项群主要包括足球、篮球、手球、曲棍球、冰球和水球等项目。

◆体能主导类快速力量性项群包括跳跃、投掷和举重等项目。

◆体能主导类速度性项群包括短跑、跨栏跑、短距离游泳、短程速度滑冰、短程速度滑雪、短程自行车和短程划船等竞技项目。

◆体能主导类耐力性项群包括竞走、中长距离跑、中长距离游泳、中长距离自行车、赛艇、皮划艇、越野滑雪，以及中长距离速度滑冰等众多项目。

通常把项群训练理论的基本内容概括为以下 4 个方面：各项群的形成与发展、各项群竞技能力决定因素的系统分析、各项群运动成绩决定因素的系统分析、各项群训练的基本特点（负荷内容与量度，训练的组织与控制）。

三、运动训练基本原则

原则是人们说话或行事所依据的法则或标准，是人们根据客观规律的认识制定的。运动训练是有规律可循的，也是客观存在的。运动训练原则是运动训练过程客观规律的反映，是运动训练实践普遍成功经验的总结和概括，是进行运动训练必须遵守的准则。

1. 竞技需要原则

竞技需要原则即指根据提高运动员竞技能力及运动成绩的需要，从实战出发，科学安排训练的阶段划分及训练的内容、方法、手段和负荷等因素的训练原则。贯彻这一原则可使训练更好地结合专项的特点和专项竞技比赛的需要，提高运动训练的专项针对性、实战性和有效性，获得满意的竞技成绩。

2. 动机激励原则

动机激励原则是指通过多种方法和途径，激发运动员主动从事艰苦训练的动机和行为的训练原则。遵循这一原则可启发运动员更高的训练积极性，培养他们的独立思考能力、创造能力和自我调控能力，促使他们以最大的动力，高质量、高效率地完成训练任务。

3. 有效控制原则

有效控制原则是指要求对运动训练活动实施有效控制，训练中应准确把握和控制训练活动的各个方面或训练过程的各个阶段的训练内容、量度及设施，并对它们进行及时的调节，以使得运动训练活动能够按照预先设计的方案运行，保证训练目标的实现。

4. 系统训练原则

系统训练原则是指持续地、循序渐进地组织运动训练过程。它有两方面的含义：一方面指运动员只有长时间、持续地进行训练，才有可能达到训练的目标；另一方面强调，在一般情况下，必须循序渐进地，而不是突变式地增加训练负荷，才能取得理想的训练效果。

5. 周期安排原则

周期安排原则是指周期性地组织运动训练过程。也就是依照运动员机体的生物节奏变化规律，运动训练的周期性特点，以及运动竞赛安排的周期性特点，按一定的动态节奏，循环往复、逐步提高地安排训练内容和负荷量度。

6. 适宜负荷原则

适宜负荷原则是指根据运动员的现实可能和个体机能的适应性规律，以及提高运动员竞技能力的需要，在训练中给予相应量度的负荷，以取得理想训练效果。

7. 区别对待原则

区别对待原则是指对于不同专项，不同运动员或不同的训练状态，不同的训练任务，及不同的训练条件，都应有区别地组织安排各自相应的训练过程，选择相应的训练内容，给予相应的训练负荷。

8. 直观教练原则

在运动训练中，运用多种直观手段，通过运动员的视觉器官，激发活跃的形象思维，建立正确的动作表象，培养运动员的观察能力和思维能力，提高运动员竞技水平。

9. 适时恢复原则

及时消除运动员在训练中所产生的疲劳，并通过各种手段迅速产生能量，提高机体能力。疲劳达到一定程度，应依照一定的计划，适时地安排必要的恢复性训练，采取有效的恢复措施，使运动员的机体迅速得到充分的恢复和提高。

四、运动训练基本方法

运动训练方法是指在运动训练活动中，为提高竞技运动水平、完成训练任务所采取的途径和方法的总称。运动训练方法是教练员和运动员在双边活动中共同完成训练任务的方法，是对训练过程中各种具体训练方式的概括，是对各种具体训练方法的集中表述。运动训练的基本操作方法有：分解训练法、完整训练法、重复训练法、间歇训练法、持续训练法、变换训练法、循环训练法、比赛训练法。

1. 分解训练法

分解训练法是指将完整的技术动作或战术配合过程合理地分成若干个环节或部分，然后按环节或部分分别进行训练的方法。分解训练法又分为：单纯分解训练法、递进分解训练法、顺进分解训练法、逆进分解训练法。

2. 完整训练法

完整训练法是指从技术动作或战术配合的开始到结束，不分部分和环节，完整地进行练习的训练方法。运用完整训练法便于运动员完整地掌握技术动作或战术配合，保持技术动作或战术配合的完整结构和各个部分之间的内在联系。

3. 重复训练法

多次重复同一练习，两次（组）练习之间安排相对充分的休息。作用机制是强化条件反射和痕迹积累效应，构成要素有单次（组）负荷量、负荷强度、间歇时间，间歇方式可以有静止、肌肉按摩、散步。

4. 间歇训练法

间歇训练法是指对动作结构和负荷强度、间歇时间做出严格的要求，使机体处于不完全恢复状态下，反复进行训练的练习方法。通过严格的间歇训练过程，可使运动员的心脏功能得到明显的增强；通过调节运动负荷的强度，可使机体各机能产生与有关运动项目相匹配的适应性变化；通过严格控制间歇时间，有利于运动员在激烈对抗和复杂困难的比赛环境中，稳定、巩固技术动作；通过较高负荷心率的刺激，可使集体耐酸能力得到提高，以确保运动员在保持较高运动强度的情况下具有持续运动的能力。

5. 持续训练法

持续训练法是负荷强度较低、负荷时间较长、无间断地连续进行练习的训练方法。持续训练主要用于发展一般耐力素质，并有助于完成负荷强度不高但过程细腻的技术动作，可使机体运动机能在较长时间的负荷刺激下产生稳定的适应，内脏器官产生适应性的变化；可提高有氧代谢系统供能能力以及供能状态下有氧运动强度；可为进一步提高无氧代谢能力及无氧工作强度奠定基础。

6. 变换训练法

在训练过程中，有目的地变换运动负荷、动作组合，或变换训练环境、条件等情况下进行训练的方法。在周期性项目中主要是变换训练的速度和环境；在非周期性项目中则以变换训练的组合和条件。其作用是能避免训练的单调，提高运动员训练的兴趣和积极性，培养多种运动感觉，提高人体对训练和比赛的适应能力。

7. 循环训练法

循环训练法是根据训练的具体任务，建立若干训练站或训练点，运动员按规定顺序、路线，依次循环完成每站所规定的训练内容和要求的训练方法。这是一种综合形式的训练方法，比较生动活泼，能提高运动员的训练情绪和积极性。

8. 比赛训练法

比赛训练法是指在近似、模拟或真实、严格的比赛条件下，按比赛的规则和方式进行训练的方法。比赛训练法有助于全面综合性地提高专项比赛所需要的体、技、战、心、智各种竞技能力，运动员长期的训练所积累的生物学能力只有通过比赛训练法才有可能转化为竞技需要的能力。

五、运动员体能训练

体能是运动员在训练和比赛过程中身体形态、机体机能、运动素质的综合体现。体能训练是指运用各种有效的手段和方法，对运动员身体施加积极影响，从而增进身体健康，改善身体形态，提高机体机能和发展运动素质的练习过程。运动员体能训练内容是由身体形态、机体机能和运动素质三类训练组成，运动素质是体能训练的核心。一般认为基本运动素质包括：力量素质、耐力素质、速度素质、柔韧素质、复合素质，复合素质包括灵敏素质和弹跳力素质。对应的体能训练就有力量素质训练、耐力素质训练、速度素质训练、柔韧素质训练、复合素质训练。

1. 力量素质训练

力量素质是指肌肉在工作时克服内外阻力所表现出来的能量和耐力。力量素质是人体进行体育运动的基本素质之一，是获得运动技能和取得优异运动成绩的基础，同时也是其他身体素质发展的重要因素。力量素质可分为多种类型，例如根据肌肉收缩的形式，可将力量划分为静力性力量和动力性力量；根据力量和体重的关系，可分为绝对力量和相对力量；根据力量的表现，又可以分为最大力量、速度力量和力量耐力；根据与专项的关系又可以分为一般力量和专项力量。

2. 耐力素质训练

耐力素质是指人体肌肉长时间持续运动和对抗疲劳的能力。耐力素质在各个运动项目中都是一个重要的基本素质，但是不同的运动项目需要的耐力各有其特点。因此，耐力可分成一般耐力和专项耐力。从运动训练学角度看，又可分为速度耐力、力量耐力和静力性耐力等，只是不同运动项目在耐力训练中所占的比例不同。

3. 速度素质训练

速度素质是指机体(或机体某部位)快速运动的能力。它包括三个方面：快速通过某一距离的能力、对各种刺激快速反应的能力、快速完成动作的能力。速度素质是运动员基本素质之一，在身体训练中占据重要的地位。由于速度素质包括反应速度、动作速度、位移速度三个方面，提高速度素质的途径也是多方面的。速度训练分为一般速度训练和专项速度训练。

4. 柔韧素质训练

柔韧素质是人体各肌肉、关节、韧带等组织的伸展活动能力和弹性的总称。柔韧素质好坏主要取决于关节组织结构和跨关节的肌肉、肌腱、韧带等组织的伸展性，也受到天气、年龄、训练水平的影响。发展柔韧素质练习的基本方法包括动力拉伸法和静力拉伸法。动力拉伸法是指有节奏地通过多次重复某一动作的拉伸方法。静力拉伸法是指通过缓慢的动力拉伸，将肌肉、肌腱、韧带等软组织拉长，并停留一定时间的训练方法。

5. 复合素质训练

复合素质包括灵敏素质和弹跳力素质。灵敏素质是指人体在各种突然变化的条件下，能够迅速、准确、协调、灵活地完成动作的能力，是人各种运动技能和身体素质在运动中的综合表现。灵敏素质分为一般灵敏素质和专项灵敏素质，前者指适应一般活动的灵敏素质，后者指符合专项需求的特殊灵敏素质。

弹跳力指运动员在跳起时两腿做蹬伸动作与躯干和两臂配合所爆发的一种力量，在部分项目中，弹跳力素质较为关键，弹跳力训练也有多种方法。

六、运动员技术能力训练

运动员技术能力是充分发挥有机体的机能能力，合理有效地完成体育动作的方法，是运动员竞技能力水平的重要决定因素。合理的、正确的运动技术符合项目运动规则的要求，有利于运动员的生理、心理能力得到充分的发挥，有助于运动员取得较好的竞技成绩。运动技术与体育动作是不可分割的，运动技术总是在不断发展的，运动技术具有相对稳定与即时变化的统一性，运动技术也存在个体差异性。技术能力训练常用方法有：直观法与语言法、完整法与分解法、想象法与表象法、减难法与加难法等。

七、运动员战术能力训练

战术指在比赛中为战胜对手或为表现出期望的比赛结果而采取的计谋和行动。竞技战术由战术观念、战术指导思想、战术意识、战术知识、战术形式和战术行动等构成。按战术的表现特点可将其分为阵形战术、体力分配战术、参赛目的战术和心理战术等。按参加战术行动的人数可将其分为个人、小组和集体战术。

战术能力指运动员（运动队）掌握和运用战术的能力，是运动员（运动队）整体竞技能力水平的重要构成部分。影响战术能力的因素有:军事学与谋略学因素,心理学与思维科学因素,形态学与体能、技能因素等。战术能力训练方法有:分解与完整训练法、减难与加难训练法、虚拟现实训练法、想象训练法、程序训练法和模拟训练法。

八、运动员心理能力与运动智能训练

运动员心理能力指运动员训练竞赛的个性心理特征,以及把握和调整训练竞赛所需要的心理能力。没有良好的心理状态,运动员难以在竞赛中取得优异成绩。观察力敏锐的选手,善于在比赛中抓住战机;想象力丰富的选手更富于创造性;注意力集中的运动员则具有坚忍不拔的精神。运动员心理训练的类型有:一般心理训练、专项心理训练和比赛期心理训练。运动员心理能力训练的常用方法有:意念训练法、诱导训练法、模拟训练法。

运动智能指运动员以一般智能为基础,运用体育理论等多学科知识,参加运动训练和比赛的能力。运动智能可以帮助运动员正确理解教练员的意图,高质量地完成训练计划;运动智能也可以帮助运动员正确理解运动技术,缩短学习和掌握运动技巧的时间,准确把握战术精髓,在比赛中灵活机动地运用战术,取得优异成绩。运动智能训练的内容有:运动理论知识教育和运动智能因素培养。运动智能训练的基本内容包括一般智能的训练和专项运动智能的训练。

讨论思考

1. 现代体育教育技术学科理论基础有哪些?
2. 系统科学理论基本原理是什么?
3. 如何理解传播理论的"5W"模式?
4. 学习理论有几大流派,各流派有哪些代表人物,请简述其主要理论观点,对现代体育教育技术有怎样的支撑?
5. 请简述主要的教学理论基本观点,对现代体育教育技术有怎样的支撑?
6. 运动训练理论对现代体育教育技术发展有哪些支撑?

第三章　现代体育教育技术发展历史

【学习提示】

教育技术是在视听教育理论与实践的基础上发展起来的，于1970年由美国教育技术委员会向美国国会递交的报告中首次提出，后来经三次修改后形成的一个完整概念。了解教育技术的发展历史对把握整个学科知识结构及指导专业课程学习具有至关重要的意义。

本章首先介绍了国外教育技术的发展历史：视听教学的发展、个别化教学的发展和教学系统方法的发展，回顾了我国教育技术的发展历程，最后阐述了现代体育教育技术发展历史。

【学习重点】

1. 国外教育技术发展
2. 戴尔"经验之塔"
3. 我国教育技术发展历程
4. 现代体育教育技术发展历史

第一节　国外教育技术发展历史

社会的不断发展和科学技术的不断进步，促使传统的教育形式和教学手段不断地发生变化。纵观国外教育技术发展的整个历程，主要是由视听教育、个别化教学、教学系统方法三个领域的发展整合而成。这三个领域虽然起源、发展时期、发展状态都不尽相同，并且其发展过程中都有各自的发展轨迹，总体趋势却是逐渐交叉、逐渐融合，而最终在20世纪70年代形成了一个独特的整体——教育技术。以下将对国外教育技术发展中的视听教育、个别化教学、教学系统方法做详细阐述。

一、视听教育的发展

"视听教育"一词起源于美国，英文为"Audio - Visual Education"，早在19世纪末20世纪初，也就是随着第二次产业革命的推动，美国已从劳动力密集型的农业国家逐渐演变为以机械化农业和城市工业为基础的资本主义国家。为适应工业化大生产，资产阶级急需大批有知识、有技能的劳动者。以语言文字、书籍为主要手段的传统教学越来越不能适应社会的需求。与此同时，由于工业革命的推动和科学技术的迅猛发展，一些新的科技成果，如照相机、幻灯机、无声电影等纷纷被引入到教学领域。为了扩大教育规模，提高教学质量，满足社会对人才素质和数量上的需求，美国的一些学校开始提倡和使用这些现代媒体作为直观教具，于是相继产生了“视觉教学”和“视听教育”。“视听教育”强调人的视觉和听觉在教学中的作用，它不仅是指幻灯、电影、录音、无线电广播、计算机等现代媒体的使用，还包括照片、图标、模型、标本等直观教具的运用，以及参观、旅行、展览等形式的教学活动。也就是说，凡是传授观察经验的教育活动，都属于“视听教育”的范围。

视听教育的发展大致可以分为直观教学阶段、视觉教学阶段、视听教学阶段和视听传播阶段。我们也可以划分为：萌芽阶段、播音教学和视觉教育并行的发展阶段、视听教学的形成阶段、视听教学继续发展阶段。

1. 直观教学（视听教学萌芽阶段）

17 世纪捷克教育家夸美纽斯在《大教学论》里首次提出了班级授课制和直观教学的理论，奠定了将现代教育技术运用于教育教学中的理论基础，推动了教育的发展（见图 3－1 所示）。直观教学即利用真实事物的标本、模型、图片等教具作为感官传递物，通过一定的方式向学生传递信息，达到提高学习的效率或效果的一种教学活动。直观教学的实质是一种传授观察经验的直观技术。夸美纽斯按照直观教学的原则编写出第一本带有 150 副插图的教科书《世界图解》（1675 年），被认为是教育技术发展史上最重要的成就之一。

图 3－1　夸美纽斯及《大教学论》

1822 年法国人尼克福、尼普扬发明了照相技术;1876 年贝尔发明了电话;1878 年爱迪生发明了电影放映机;19 世纪末德国的一位传教士发明了幻灯,1900 年无线电传播人声试验成功。于是有人结合夸美纽斯的直观教学法,开始使用幻灯进行教学,幻灯成为最早的现代科学技术运用于教学的电教工具,从此揭开了现代教育技术的重要阶段——视听教学发展的帷幕。1920 年无声电影开始在美国应用于教学,先是一些影片公司向学校提供现成的电影短片拷贝,经选择后供教学放映,随后有一批高等院校开始了以教学为目的的自拍专题影片;与此同时,在芝加哥、洛杉矶、纽约等城市相继成立了影片馆,来收藏影片,并采取轮流放映或预约放映的形式,向学校提供影片。从此,美国政府就按计划把一些"非戏院影片"分配到全国 13 所大学、师范学校及其他著名的教育机关。当时共有 75 个推广应用部门收藏并提供无声教学影片。同年,英国坦普特地方的地理教师,正式把无声电影作为教学工具,这项工作得到英国政府的肯定和推广。

2. 视觉教学(播音教学和视觉教学并行发展阶段)

视听教学发展的早期,是广播媒体和电影、幻灯一类的视觉媒体各自独立发展,分别成立各种学术团体、组织机构,来研究发展播音教学和视觉教学。播音教学发展最早最有特色的是英国。早在 1923 年,其以地方学校代表、各大学代表成立了"播音教育咨询委员会"。1924 年夏季,开始进行有计划有组织的播音教学实验。这时期英国的播音教学分为两类:一类是以离开学校的成人为对象的成人播音教学;另一类是以在校学习的学生为对象的学校播音教学。学校播音教学是从 1925 年开始实行的,开始只对 100 多所学校实施有组织的播音,在每日授课时间表内抽出一定时间接收播音教学节目。随后,收听学校数目逐渐增加,据 1930 年报告,接受学校播音教学的学校已达 90 所之多。1927 年肯特(Kent)当局曾向 80 所学校发出问卷,调查播音教学的价值,得到的回答是"深受欢迎,不能废止"。1929 年"学校播音中央评议会"正式成立,承担每年审评播音教学节目 1～4 次的工作,使英国的播音教学具有了较为完善的组织机构。同年美国的俄亥俄州广播学校(The Ohio School of the Air)正式成立,1930 年哥伦比亚广播系统建立了美国广播学校(The American School of the Air),1935 年在波士顿附近成立了盛名于世界的"世界广播大学"(The World Radio University),播放文学、音乐、经济、语言、航空、电子学等一系列广播课程,后来达到用 24 种语言向 30 多个国家播放教育节目的规模。在美国跨人播音教学领军行列的同时,日本、德国、前苏联等国家也表现得十分活跃,由此播音教学在世界各国纷纷兴起。

视觉教学源于 20 世纪 20 年代初期的无声电影。第一次世界大战爆发,德国先摄制了"法国兵是魔鬼,德国军人是英雄"的电影进行宣传。英国参战前就先摄制德军的潜艇暴行可恶,美国开始参战后,即用"美国的答复"、"战争的检阅"等影片教育军民。战后美国教育总署曾向一些大学赠送了数百部军事教育影片；同时一些影片公司也提供一些现成的电影短片和幻灯片。这一时期的视觉教学开展最活跃的是美国。在教育界中，为了研究视觉教学的作用，还陆续成立了许多学术团体，出版刊物，出版专著，教育技术这门新兴的教育理论初见端倪。当时，先后成立的一些学术团体有：1920 年在俄亥俄州成立的“视觉教育全国研究会”(The National Academy of Visual Instruction)，1922 年在麻省波士顿成立“美国视觉教育协会”(The Visual Instruction Association of America)，1923 年在加利福尼亚成立“全国教育学会视觉教育部”(National Education Association Department of Visual Instruction)等。部分高等院校利用寒暑假或周末开设美工、摄影、制图、幻灯片制作、教学影片运用、放映机维修和操作等讲座。也有的学校将视觉教学课程列为正式课程，如明尼苏达大学、堪萨斯大学、南加利福尼亚大学开设视觉教学的基础理论、资料编目(包括图片、标本、模型、实物等)、行政管理(包括登记、借用、归还、巡回演出的组织工作等)、教学法和放映机的维修等课程，并计算学分。同时，此期间还出版发行了一批视觉教学的专门书刊，例如，全国教育学会视听教学编辑部编印的《教育银幕》(Educational Screen)，登载有关视听教学的调查、报告、论文等。其中 1928 年出版的《学校中的视觉教育》(Visual Instruction in the Public Schools)，详细介绍了在学校各门课程的视觉教材，教学方法及放映器材的维修等内容，是一本论述较为详实的视觉教学理论的书籍。

3. 视听教学(视听教学的形成阶段)

20 世纪 30 年代前后，有声电影的问世并很快被应用于教育，电影教育的作用开始发生变化。同时随着无线电技术的发展，无线电播音、有声幻灯片也相继在学校得到应用。播音教学和视觉教学逐渐走到一起，视听教学逐渐形成。20 世纪 40 年代，磁性录音(磁带)、电视技术(黑白电视)开始在教育教学中应用，并建立了语言实验室。这一切不仅加快了教学手段的改革，同时也促进了播音教学和视觉教学的进一步融合，使视听教学得到了发展。从此，单纯的视觉教学或播音教学逐渐被视听教学所代替。在视听教学发展阶段，出版了一批论述视听教学的著作，其中以美国的爱德加·戴尔的“经验之塔”理论最具代表性，“经验之塔”理论被认为是视听教学的主要理论基础。戴尔认为，人们学习知识，一是通过亲身经历获得，二是通过间接经验获得，两者不可偏废。“经验之塔”把人类学习的经验依照抽象程度的不同，分为三大类十个层次，如图 3-2 所示。

戴尔的“经验之塔”是一种形象化的比拟，用来说明学习经验从直接参与到观察经验替代，再到用抽象符号表示的逐步发展的过程。依照心理学的概念，“塔”的底部(做的经验)可称为实物直观，“塔尖”(抽象的经验)可称为语言直观，“塔”的中部(观察的经验)可称为模像直观。“经验之塔”的理论要点是：

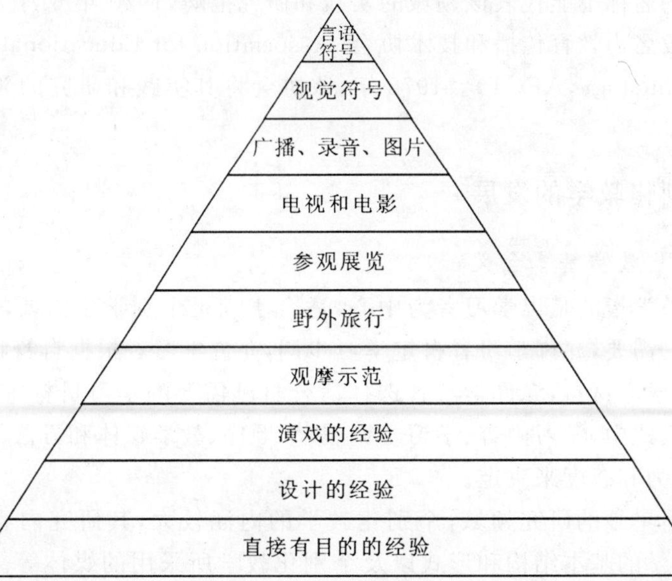

图 3-2　戴尔的“经验之塔”

(1)最底层的经验最具体,越往上越抽象,各种教学活动可以依其经验的具体—抽象程度,排成一个序列。

(2)教学活动应从具体经验入手,逐步进入抽象经验。

(3)在学校教学中使用各种媒体,可以使教学活动更具体,也能为抽象概括创造条件。

(4)位于“塔”的中间部位的那些视听教材和视听经验,比上层的言语和视觉符号具体、形象,又能突破时间和空间的限制,弥补下层各种直接经验方式的不足。

4. 视听传播(视听教学继续发展阶段)

1960 年,美国的视听教学协会组成特别委员会,研讨什么是视听教学。1963 年 2 月,该委员会提出报告,建议将视听教学的名称改为视听传播,并对此作了详细的说明。另外,许多研讨视听教学的文章和著作,也都趋向于采用传播学作为视听教学的理论基础。

就“视听教学”与“视听传播”两个概念来说,一般认为,“视听教学”强调的是其教育的目的性,而“视听传播”强调的是其受众性。随着现代科学技术的发展,信号编码、传输、译码过程越来越先进,但就教育本身而言,其教育性是不能改变的。所以,依然沿用视听教学。同时,随着科技的进步,视听教学也已不能将教育技术学的全部都表述清晰。由于媒体技术的发展和理论观念的更新,国际教育界深感原有视听教学的名称不能代表该领域的实践和研究范畴，1970 年 6 月 25 日，美国视听教育协会改名为教育传播和技术协会(Association for Educational Communication and Technology，AECT)。1972 年，该协会将其实践和研究的领域正式定名为教育技术。

二、个别化教学的发展

1. 个别化教学基本含义

个别化教学指的是以学习者为中心，适合于满足个别学生需要的教学。为了满足学习者的需要，允许学习者自定学习步调，允许学习者根据自身特点选择学习方法、媒体和学习材料，允许学习者选择适合自己需要的学习目标等。也就是说，个别化教学模式中，学习内容、学习步调、教学顺序、教学媒体和方法等由学习者的学习需要、能力和态度来决定。

作为一个单独的研究领域，个别化教学的内涵较大，其研究内容包括基本原理、个别化教学的基本结构和形式以及个别化教学所采用的媒体等。从学习者的角度来看，个别化教学比较强调学习者的自主性，即学习者可以对自己的学习活动做出决策，受教师等条件的限制较少，而从教师的角度来看，教师需要针对学习者的具体需求，进行有针对性的教学设计、媒体设计、教学管理等，从而使教学活动更能适应学习者的个别化学习需求。

2. 个别化教学的理论基础

个别化教学的研究理论基础源于教育理论、传播理论、学习理论。首先，个别化教学首先面对的是教学活动、教学过程，因此教育学的一些理论、原理、方法对个别化教学具有普遍的指导作用。同时，教学活动、教学过程也是一种教学信息的传播活动。更重要的是，个别化教学活动与教学过程的设计要依据学习者的学习内部机制和规律而制定，因此，在很大程度上个别化教学的研究也要以三大理论为基础。

3. 个别化教学的历程

由于教育技术学理论主要发源于美国，美国的教育技术学理论比较完善，且具有一定的系统性和代表性，所以在回顾个别化教学的发展历程时，本书主要以美国在相关领域的研究为主线来进行阐述。

(1)早期的个别化教学。

1800 年以前，美国的学校教学主要以个别化的方式进行，但 19 世纪中叶发展起来的集体教学方式逐渐占居主导地位，并一直延续至今。尽管如此，关于个别化教学的研究却没有中断。在美国真正意义上的个别化教学系统始于伯克(Frederic

Burk)1912 年至 1913 年，在旧金山师范学校试验的个别学习制，其主要特点是允许学生按照自己的速度来学习由老师编写的教材。1919 年，沃什伯恩(C. W. Washburne)在伊利诺斯州温内卡特镇的中小学创立适应个性化教学的形式，其中包括温内特卡制(Winnetka Plan)，它是教学的一种组织形式和方法。温内特卡制，其目的是充分发展儿童的个性和才能，培养儿童的社会意识。1920 年，帕克赫斯特(Helen H. Pankhurst)在马萨诸塞州道尔顿中学建立道尔顿实验室计划(Dalton plan)，旨在废除年级和班级教学，学生在教师的指导下，各自主动地在实验室内使用不同的教材、自定学习时间和步调，以适应其能力、兴趣和需要，达到发展个性的目的。1990 年，斯特勒(Seattler)对早期的个别化教学方面的研究进行了总结，包括伯克(Burk)(1912)、瓦什伯恩(C. W. Washburne)(1919)、帕克赫斯特(Helen H. Pankhurst)(1919)和莫里森(Morrison)(1925)所进行的相关研究。他指出，这些研究强调了学习中不同学习者的不同之处，并且表明：第一，个别化教学使学习者能够以自己的步调进行学习，但要求其在学习新的内容之前要达到一定的标准；第二，个别化教学强调了认真组织教学任务的重要性。

从这些早期的研究我们可以看出，个别化教学中关注学习者的个别情况，并且在早期的个别化教学实践中，已经开始关注学习步调、课程内容的个别化。早期的个别化教育研究成果，对教育理论和实践产生了深刻的影响。但真正在教育技术中有着广泛深远影响的个别化教学活动，应该是 20 世纪 50 年代兴起的程序教学运动。

(2)程序教学的发展。

程序教学，简而言之是指按照一定的程序进行教学。美国心理学家普莱西(Sidney Pressey)是理论界公认的程序教学创始人。1925 年，普莱西设计了世上第一台自动教学机，主要用于实现对学生测试的自动化。同时该自动教学机也包含允许学生自定步调、考核学生积极反应和即时反馈等方面的运用。然而由于教学机设计上的问题以及应用于教学上的客观条件不够成熟，普莱西的自动教学机对教育技术的发展影响很小。

1954 年哈佛大学教授斯金纳(B. F. Skinner)发表题为“学习的科学和教学的艺术”文章，他指出了传统教学方法的缺点，提出使用教学机器能解决许多教学问题，推动了当时的程序教学运动的发展。斯金纳根据他的操作条件反射和积极强化的理论设计了教学机器和程序教学。他的关于学习材料程序化的想法，后来发展成为可以不用教学机器只用程序课本的“程序教学”。受斯金纳理论指导的早期程序教学主要有如下特点：小的步子、积极反应、即时反馈、自定步调，以及低错误率。

20 世纪 50 年代末到 60 年代初是程序教学迅速发展的时期，这一时期的程序教学运动具有以下两个方面的特点:一是各种教学机器纷纷问世;二是程序设计广泛开展,并取得了值得肯定的效果。在这一时期,教育界有关人士开发出大批程序教材供学校教学、军队和工商企业的培训使用,一些出版商纷纷投资于程序教材的制作。但同时,程序教学也受到一些心理学家和教育学家们的指责,主要是批评程序教学的机械性和不灵活性。此外,由于技术上的原因,拥有模式功能的教学机器的设计已有穷尽之感,并且对于复杂的教学内容也难以处理。60 年代后期,人们从实践中认识到,开发真正有效的程序教材需要进行系统的设计和实验,而这样做的代价颇高。所以程序教学运动自此开始衰退。

程序教学是个别化教学的一种大胆尝试,它使得个别化学习的优点得以发扬(可以适应各种不同水平的、不同需要的、自定步调的学习),又解决效益低下的问题。但它也有不足,受当时历史条件的限制,教学机器并不能完成比较复杂的教学任务,而且无论是在交互性上,还是在教学方法的呈现上,都过于简单。所能实现的功能有限,所体现的理论只能是基于行为主义的程序教学理论。尽管如此,程序教学总结出一套开发程序教材的方法,开发过程中综合了许多重要概念并得到具体应用,这一切都对系统设计教学方法的发展具有深刻的影响。

(3)其他个别化教学形式的发展。

20 世纪 60 年代后期,由于程序教学运动的衰落,一些教育研究者开始重视对其他形式的个别化教学的研究。如凯勒的个别化教学系统(PSI)、掌握学习法、导听法(亦称录音指导法,ATS)等都体现出个别化教学的思想。同时,受行为主义心理学的影响,人们对如何适应学习者的个别化特征进行了一系列的研究。这个时期的研究标志是,将教学过程的重点放在学习的过程和个别学习者的身上。研究人员也开始更加关注学习者学习的个别化特征。

凯勒制(The Keller Plan)是 1963 年由哥伦比亚大学心理学家凯勒(Fred S. Keller)首创,又称个人学习系统(Personalized System of Instruction,PSI)。是一项管理教学的技术,目的在于在教学过程中贯穿强化理论的应用。与传统教学相比,凯勒制有 5 个特点,即:学生自定学习步调、采用掌握学习法的原理、启用"学监"(通过课程考试的学生称"学监")、依靠书面指导、减少教师讲授。

掌握学习法(Learning for Mastery)由布卢姆(B. S. Bloom)和他的学生在芝加哥大学创立,其核心是根据实际情况变动教学时间和教材,使所有学生都能掌握每一项学习内容,故称掌握学习法。这是布卢姆 1968 年提出的一种教学系统。此法强调学生对每一单元教学内容的掌握,学生必须完全达到每单元的教学要求才能进入下一单元的学习,但教学进度由教师制定,教师不断地对学生进行评价,了解学生对学习内容的掌握程度。

录音指导法(Audio - Tutorial Approach)亦称导听教学,是普渡大学植物学教授波斯尔思韦特(Samuel N. Postiethwait)于1961年设计的一种个别化教学系统,也是一项管理教学的技术。该方法的主要特征是,学生在学习室里进行个别化学习,教师用预先录制的录音带指导学生从事各项学习活动。录音带也为学生提供有关练习的答案,作为对学习的反馈。教师则在学习室现场进行个别指导或答疑。

进入20世纪70年代,美国公立学校还推行过个别化规定教学(IPI)、根据需要的学习程序(PLAN)、个别指导教育(IGE)等个别化教学系统。尽管这三种系统没有得到推广应用,但通过这些系统的使用促进了教学改革,如:根据教学目标的层次关系来排列教学顺序;标准参照测试用于诊断目的;教师的作用由信息提供者变为教学的计划者、管理者和辅导者;使用计算机管理教学,打破分年级的教学组织体制等。从适合个别学习者的角度来看,这些研究比早期的研究有了更加全面的考虑,即:学习者自定步调进行学习、信息的及时反馈、确定学习者的学习起点、可以采取不同的学习方法达到同一学习目标。

对于这一时期围绕行为主义展开的个别化教学的研究,也有学者表达了不同的意见,例如布鲁纳(Berliner)认为,自定步调的学习虽然满足了学习者的需求,但同时也花费了学习者更多的时间和精力,并且这样有时会导致学习者中途放弃。也有人指出,对于教学材料的过分关注,会导致教学成本过高和使教学缺乏人性化。由于个别化教学的研究和实践与当时的社会、政治和经济改革没有配套进行,以及学校未将个别化教学的成果正式应用于其常规教学等原因,个别化教学的研究热潮在20世纪70年代中期开始转向衰落。

(4)计算机辅助教学的发展。

计算机是人类最伟大的发明创造之一。计算机辅助个别化学习就是指利用计算机进行自定步调的学习。自从1946年第一台数字计算机问世以来,许多专家就开始了计算机教育应用的探索。计算机用于教学和训练始于20世纪50年代末。最早开发出来用于学校的计算机辅助教学程序的是美国IBM公司沃斯顿研究所于1958年研制出来。开始的计算机辅助教学(CAI)主要用于答疑、练习、个别化指导、模拟教学测验、评价等方面,以后逐渐也用于系统的学科教学。

60年代早期的CAI系统主要用于模仿传统的课堂教学,代替教师的部分重复性劳动,未能充分发挥计算机的潜在能力。70年代初,计算机技术的发展,使学生可以根据学习情况选择合适的教学资源,变被动听课为积极介入教学过程,标志着CAI系统实现个别化教学的一个新阶段。

70年代微机的发展又推动了CAI运动。到了80年代,学校里微机的使用迅速增长,许多学校把微机用于教学。但CAI在学校中的开展仍不能说明个别化教学已成为学校教学的主要形式。

进入 90 年代，多媒体技术飞速发展，计算机辅助个别化学习也得到了前所未有的发展。多媒体计算机不仅在学校中基本普及，而且开始进入千家万户。它们不仅界面友好、内容丰富活泼且形式多样（包括文本、图形、图像、动画、音频、视频、超文本以及超媒体等），同时能表现出多种学习策略，极大地提高了学习者的学习质量和效果。随着网络技术的飞速发展，人们的生活和学习方式发生了极大的改变。同样也动摇计算机辅助个别化学习的主体地位。可以预见，在未来网络个别化学习将成为个别化学习的新形式，并将占据主要地位。

综上所述，程序教学、个别化教学系统、掌握学习法、计算机辅助教学以及网络个别化教学成为个别化教学研究的主要阶段标志。几十年的个别化教学实践表明，个别化教学比传统教学方法更有效。尽管仍不能说个别化教学已成为学校主要的教学形式，但个别化教学所形成的"以学习者为中心"，强调学习者的学习效果是教学目的和衡量标准的指导思想，已经对教学理论发展起到了推动作用，同时为现代教育技术理论的研究与发展奠定了基础。

三、教学系统方法的发展

从 20 世纪 60 年代中期开始，教育技术领域更加关注的是用系统方法分析、解决教育问题，同时提出了教育系统方法的概念。教学系统方法的理论依据是系统科学。所谓系统科学是系统论、信息论、控制论的统称，又称"老三论"。系统论、信息论、控制论几乎同时产生于 20 世纪 40 年代末。"老三论"是信息时代新科学技术发展下的认识世界和改造世界的方法论，已迅速被应用于各个领域与各个学科。系统科学自产生以来，对哲学、自然科学、社会科学、思维科学产生了极大的影响，并促进了这些学科的交叉和渗透。系统论、信息论、控制论应用于教育领域催生了教育传播学、教育控制学、教育系统学和教育技术学的产生与发展。

系统科学主张把事物、对象看作一个系统进行整体的研究，研究它的要素、结构、功能及其相互联系，通过信息的传递与反馈来实现系统之间的联系，达到有目的地控制系统的发展，获得最优化的效果。

第二次世界大战期间，美国从关于学习过程、学习理论和人类行为理论方面的研究成果中总结出一系列教学原则，并用于指导军事训练研究和教材开发。其结果不仅提高了军事训练的效率和效果，也使教学设计的一些重要原理，如任务分析、行为目标、标准参照测试、形成性评价和总结性评价等得到了进一步完善和发展。20 世纪 60 年代末至 70 年代初，教学系统方法日益受到重视。人们在实践中建立了许多系统设计教学的理论模型，使系统方法成为利用教育技术解决教育教学问题的根本性方法。

考夫曼(R. A. Kaufman)是最早将系统方法运用于教育的学者之一。他在

1972年出版的《教育系统计划》(Educational System Planning)一书中，把系统方法定义为依据逻辑上解决问题的过程，来鉴定和解决教育上的重要问题。他为这个过程概括的模式如图3-3所示。按照考夫曼的模式，对教育问题的系统分析主要由确定问题和解决问题两个阶段组成。在明确了面临的问题是什么之后，进一步明确解决问题的条件和解决方案，进而逐步进行使命分析、职能分析、任务分析、方法和手段的分析。

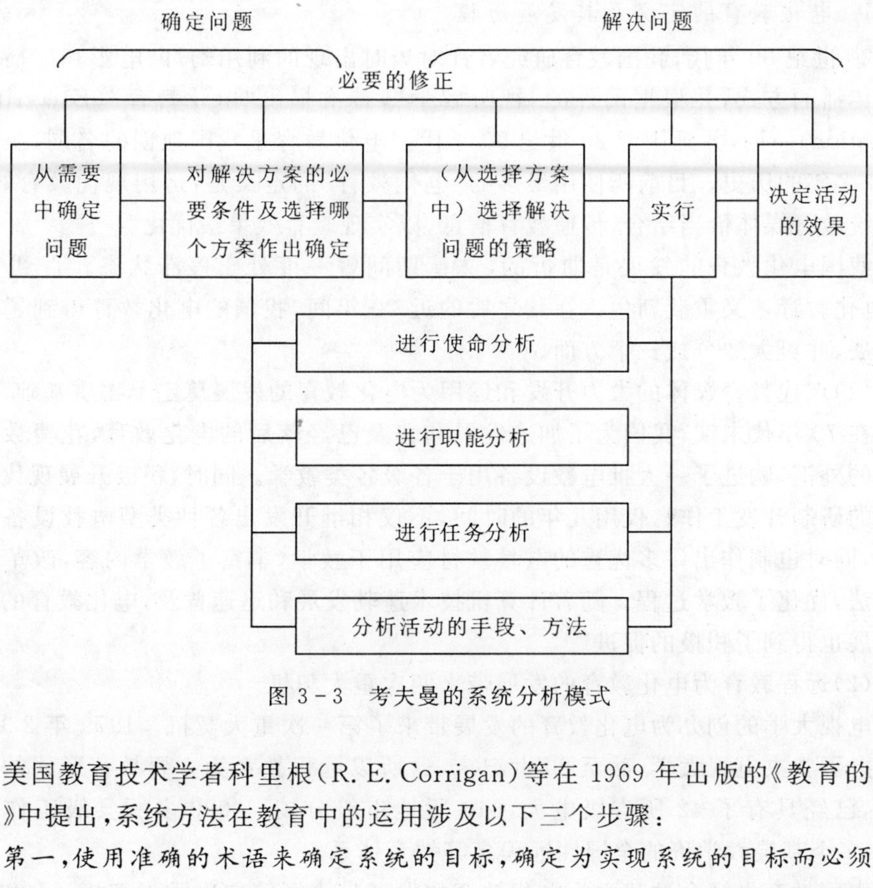

图3-3 考夫曼的系统分析模式

美国教育技术学者科里根(R.E.Corrigan)等在1969年出版的《教育的系统方法》中提出，系统方法在教育中的运用涉及以下三个步骤：

第一，使用准确的术语来确定系统的目标，确定为实现系统的目标而必须执行的功能；

第二，决定如何以最优的方式来执行这些功能，把各类资源组织成一个有机的、协调运行的系统；

第三，对运行的系统的效率进行检验，根据存在的缺陷以及外界变化的需要，对系统作出必要的调整和修正。

第二节　我国教育技术的发展

一、从电化教育到教育技术

1. 电化教育的定义及其发展历程

20 世纪 30 年代，我国教育研究者针对当时出现的利用幻灯、电影和广播进行教育传播的方式，并根据国外的“视听教学”，首次提出“电化教育”(Electrifying Education)一词，并延用至 20 世纪 90 年代。电化教育是我国独创的名词，至今已有 80 多年的历史。目前所使用最多的“电化教育”的定义是：运用现代教育媒体，与传统教育媒体恰当结合，传递教育信息，以实现教育效果最优化。

我国电化教育的发展是曲折的，文革期间曾一度处于停滞状态。直到 1978 年，电化教育才又重获新生。在其之后的近 20 年间，我国的电化教育得到了较大的发展，并可大致分成三个方面。

(1)现代教育媒体的大力开发和运用为电化教育的发展奠定了物质基础。

在 70 年代末期，我国为了加速发展和普及已经落后的电化教育，花费数千万美元的外汇，购进了一大批电教设备用于各级各类教学。同时，积极开展现代教育媒体的研制开发工作。仅用几年的时间，不仅相继开发出各种类型电教设备进入市场，同时也制作出许多优秀的电教教材应用于教学，丰富了教学内容，改革了教学方法，优化了教学过程。随着计算机技术蓬勃发展和迅速普及，电化教育的研究与开展也得到了积极的促进。

(2)远程教育为电化教育的发展带来两次重大契机。

电视大学的创办为电化教育的发展带来了第一次重大契机。1979 年 2 月，我国创办了中央电视大学，截至 20 世纪末，这所以远程教育为主要教育形式的电视大学，已经具有了 42 所省级电大，540 所地市级分校，1 000 多所县级工作站和 2 000多个基层教学班的全国性远程高等教育体系。

中国教育电视台的建立为电化教育的发展带来了第二次重大契机。1987 年，我国建立了中国教育电视台，通过卫星向全国播放教育节目。到 1992 年已建立地方教育电视台 948 个，地面接收站 6 191 个，放像点 54 039 处，形成了中国卫星教育网络。

(3)学科专业的创办及学科理论体系的建立为电化教育的发展奠定了人才和理论基础。

在大力运用现代教育媒体、发展远程教育的同时，我国在 20 世纪 80 年初便紧抓电化教育专门人才的培养工作，先后有若干所师范院校建立了电化教育系，有30多所院校开设了电化教育专业课程，有的院校还招收电教专业的硕士研究生和博士研究生。并在全国先后出版了一批电化教育的专著和教科书，如《电化教育学》、《电化教育概论》、《教育传播学》、《多媒体组合教学设计》等，初步形成了学科理论体系。近20年，国内教育技术学专业发展迅速，目前全国共有200多所院校开办教育技术学本科专业，80多个教育技术硕士点，9个教育技术博士点，3个博士后流动站，2个国家级重点学科。

2. 教育技术与电化教育的联系与区别

伴随高新科技的迅猛发展，"教育技术"概念的出现，对电化教育产生了冲击。"电化教育"和"教育技术"不仅在国外，在我国也一直是争论的焦点。有人认为，电化教育实际上就是教育技术的同义语；有人认为电化教育和教育技术有着本质的不同。从本书前面针对两个概念的定义分析，无论是"电化教育"，还是"教育技术"，其目的都是增强学习效率，提高教育质量，扩大教育规模，达到教育教学效果最优化的目的。同时两者都是利用新的科学技术成果去开发学习资源，并采用新的教学理论与教学方法去控制教育过程。这是"电化教育"与"教育技术"之间的共性。但是，"电化教育"和"教育技术"两者无论从研究范畴，还是概念称谓的适应性上都有所差异。

首先，从历史的角度看两者的研究畴，电化教育侧重于研究教育媒体，具体称为电教媒体研究，包括电教设备（硬件）研究和电教教材（软件）研究两个方面。而目前在研究领域已经达成共识的教育技术，则强调以现代教育、教学理论和教育、教学方法为基础，应用现代信息技术手段达到学习绩效最大化。因此无论从理论研究，还是技术运用，教育技术的范畴远比电化教育的范畴大，电化教育只是包含在教育技术的这个大范畴之中一个具体组成部分（如图3-4所示）。

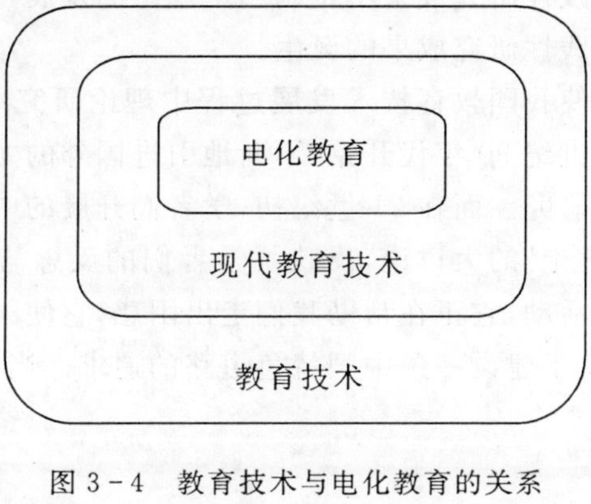

图3-4　教育技术与电化教育的关系

其次，从两个概念的适应性而言，电化教育是我国自创概念，而教育技术是国际范围的概念，在科技高速发展的今天，网络为全球搭建了一个无障碍相互融合的桥梁，为保证在研究和应用中无缝链接与沟通，以及有的放矢的借鉴，教育技术从概念名称本身更具有国际性和亲和力。

二、我国教育技术发展困惑

随着科技的进步、媒体技术的发展和先进教育思想的应用，我国的教育技术在不断走向成熟。近 20 年虽然我国教育技术得到长足的发展和进步，但是在发展过程中，我们也有很多困惑。

◆中国的教育技术的定位和逻辑起点究竟在哪里？

◆教育技术研究日标究竟是什么？

◆教育技术学科培养的究竟是什么样的人？

◆教育技术研究究竟走什么样的道路才适合我们中国？

回答了上述困惑，也就明确了我国的“教育技术”。众所周知，我国的教育技术开端于 20 世纪 20 年代的电化教育。在电化教育初期发展阶段，国外留学人员不仅带回了美国教育理念，更多的是应用电化教育的先进技术，并将引进的设备应用于教育实践。而由于当时的社会政治原因，早期的基于媒体应用的教学理论研究却没有被引起重视。50 年代建国初期，电化教育工作仍然缺少统筹和统一领导，处于自发自流状态，电教人员从事的也主要是设备管理和设备使用，很少亲历媒体制作过程；60 年代末我国的政治原因导致电教工作基本停滞；进入 80 年代，我国教育技术实践迅速发展而成为独立的教育技术学专业。由于在此之前忽视了教育技术理论基础的建立，造成了人们认为教育技术是通过媒体的应用来改进教师教学水平的观念上的偏颇，导致了我国教育技术实践特色的研究成果不足，相关理论的研究成果缺失。实践性研究成果不足制约了理论的发展，而理论成果的缺失，又限制了更进一步的实践性研究成果的诞生。

重实践，轻理论，使我国教育技术发展过程中理论研究薄弱，后劲不足。正因为此，学术界自从 20 世纪 90 年代开始，不断地引进国外的尤其是美国的教育技术理论指导我国的应用研究。而在 21 世纪初，学者们开展的中国教育技术界是否存在着西方“教育依附理论”的大讨论，反映了学者们的反思与批判精神。批判与反思是一种满怀希望的活动，它正在帮助我们走出困惑，它使人们复苏了建立中国特色教育技术的愿望，有了建设一条中国特色道路的追求。当然在这个过程中，我们既要借鉴更要超越。

三、我国教育技术发展趋势

纵观国内外教育技术发展的历史，科学技术的发展始终是影响教育变革与发展的重要因素。20世纪90年代以来，多媒体技术的出现，使视音频技术、计算机技术、通信技术这三大信息处理技术融为一体，教育技术由此进入了一个多媒体化、网络化、信息化的时代。教育技术不仅引起了教学模式、教学形态和教学环境的变化，而且促使教学体制和教学管理发生了一系列根本性的变革。我国教育技术发展趋势具有如下特点。

1. 与教育教学改革的结合日益紧密

现代教育技术能为教育教学的改革提供有力的技术和工具支持，教育技术的发展趋势是紧密结合教育教学改革，促进教育教学改革不断深化。教育技术的发展将使教育突破传统模式的局限。诸如计算机辅助教学、远程教学、网络教育、人工智能、虚拟仿真等给教育教学带来新的气象和新的格局，使教学活动可以突破课堂、校园，不再拘泥于传统的主要以语言文字为手段的课堂教学模式，促进传统的课堂教学模式的变革。

2. 系统集成技术的应用占据重要地位

随着现代信息技术的飞速发展，许多新的技术被应用到教育领域，如数字化音像技术、广播与卫星通信技术、虚拟仿真技术等，从而使教育技术的内容和形式发生了深刻变化。由此，系统集成技术将在教育技术领域的技术支持中起到更大的作用。各种各样的系统集成媒体，如多媒体教学系统、网络学习系统、校园信息传输系统、微格训练学习系统、虚拟学习系统、现代远程教学系统等，将成为未来教育的重要形式。

3. 新的学习理论将催生新的学习形式变化

21世纪第二个十年(2010—2020年)，我国教育技术的发展将进入到一个深入发展的时期。新时期的基本特征将会使普适计算的兴起，将以混合学习处于主导地位，而热点将主要集中在泛在学习、非正式学习的探索上。

普适计算(Ubiquitous Computing)：是指一种新的学习环境，由无线网络、移动无线设备、因特网、社会性软件工具(博客、wiki、播客、社会书签)以及图片、视频共享网站等组成。学生置身其中，可以随时随地使用多样的数字设备，包括使用电脑上网和移动设备进行学习。

混合学习理论(Blending Learning)：是指把传统学习方式的优势和数字化学习的优势结合起来，使两者优势互补，获得最佳的学习效果。

泛在学习：是指主要依托移动学习终端(如智能手机等)随时随地进行学习的

一种新的学习方式。

非正式学习：是指在课堂之外的，通过博客、虚拟社区、CSCL、移动学习网站、电子图书馆、电子博物馆，以及教育游戏等获得知识、技能的学习。

毋庸置疑，在21世纪中国教育全面走向现代化的进程中，教育技术将担负起更加重要的使命。教育传播媒体技术越是先进，教育思想的科学化、现代化就显得越为重要。因此，对于日新月异的各种现代教育教学媒体，我们应该在现代教育教学思想的指导下，以积极、审慎、科学的态度采取相应的对策，真正实现技术的现代化和教育思想现代化的最佳结合，使现代教育技术全面推进和发展。

第三节　现代体育教育技术发展历史

体育教育技术的发展其实和教育技术发展历史极其相似，远古时代体育教育技术已经诞生，只是当时人们还不知道这个名称而已。我们根据媒体发展阶段将体育教育技术划分为：直观媒体阶段、视觉媒体阶段、视听媒体阶段、超媒体阶段。

一、直观媒体阶段

直观媒体就是真实事物的标本、模型和图片等。在这期间对应的是直观教学，直观教学是由捷克教育学家夸美纽斯提出的。也就是这个时期，在体育教学和运动训练中，利用标本、模型和图片辅助教学或训练，以达到较好的学习效果。

《导引图》是1974年湖南长沙马王堆三号汉墓出土，现存最早的一卷保健运动的工笔彩色帛画，为西汉早期作品（如图3-5所示）。所谓“导引”，是呼吸运动和躯体运动相结合的一种医疗体育方法。早在原始时代，先民们为了表示欢乐、祝福和庆功，往往学着动物的跳跃姿势和飞翔姿势舞蹈，后来，便逐步发展成为锻炼身体的医疗方法。我国古代的“导引”就是指“导气会和”“引体会柔”，是呼吸运动和躯体运动相结合的一种体育疗法。用现代汉语来表达，“导引”就是保健医疗体操。早在春秋战国时期，以呼吸运动为主的“导引”方法已相当普遍。

《导引图》内容非常丰富，导引有呼吸运动、肢体运动、器械运动和导引与治病关系，现在我国第五套广播体操中的八个动作基本概括了《导引图》的精华部分。

陈希夷（？—989），宋初著名道家隐士。他根据一年二十四节气的气运及其与人体经脉的对应关系，自创了一套“二十四气坐功导治病”功法（如图3-6所示），以此可以养生治病。

图 3-5 西汉早期《导引图》

图 3-6 宋初"二十四气坐功导治病"功法

二、视觉媒体阶段

20 世纪初，照相技术、幻灯机和无声电影被应用到了教育和体育领域。在 1930 首届世界杯足球比赛上，就是用了摄影和摄像技术记录比赛现场，图 3-7 是首届世界杯运动员及比赛精彩画面。20 世纪 50 年代，我国运动技术图像的观察和分析已经广泛在学校体育教学中应用。当时苏联学者把短跑冠军选手的比赛视频绘制成短跑技术图片和人体运动简图，应用于体育教学和运动训练之中。这个时期在学校体育教学中，幻灯投影得到了广泛应用，教师可以把预先制作好的幻灯，投影到屏幕上，方便学生观看和教师讲解(如图 3-8 所示)。

三、视听媒体阶段

20 世纪中后期，体育工作者开始利用摄像机拍摄运动员比赛视频应用于教学训练之中。随着摄像技术的发展，国内体育院校都购置了摄像设备，录制了一批运动及竞赛视频和电视教材，供教师、教练员和学生使用。电视教材是根据课程教学大纲的培养目标要求，用电视图像和声音去呈现教学内容，并且用电视录像技术进

图 3－7　首届世界杯部分运动员及比赛精彩画面

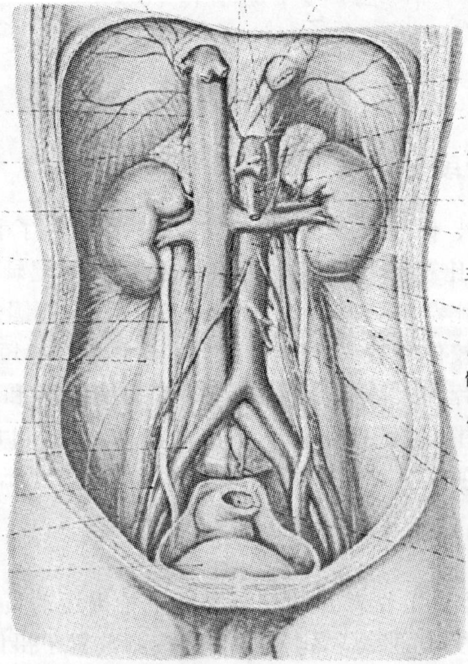

图 3－8　人体解剖投影

行记录、存储与重放的一种视听教材。电视教材以活动图像为主，视听结合，多维度传递信息内容，存储再现，可以克服时空局限性，其传递方式多样化，适宜多种教学方式。正是电视教材的这些优点，用它来表现体育运动教学内容可以达到事半功倍的效果。目前，体育运动的各个项目电视教材都可以从市场上购买到，部分电视教材供教学训练免费使用。如图 3－9 为篮球电视教材截图，根据篮球课程教学大纲的培养目标要求，用电视图像和声音去呈现教学内容。在视频中有旁白解说、动作演示和战术示意图等内容，体育学生和运动员一看便一清二楚，很容易掌握运动技巧和战略战术。

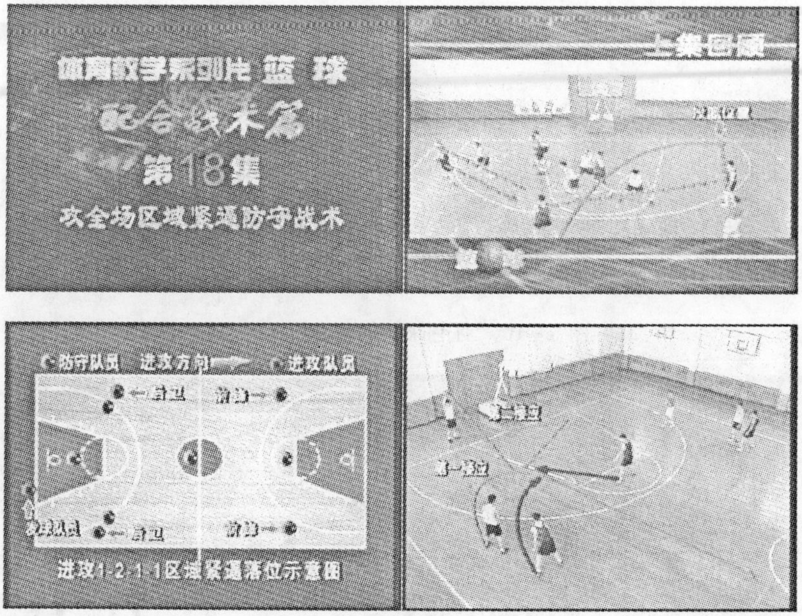

图 3－9　篮球电视教材截图

四、超媒体阶段

随着计算机技术、网络技术和多媒体技术的迅速发展，超媒体系统逐步进入教学领域，以实现跨平台处理多媒体数据。

1. 体育教学领域

随着现代教育技术的发展，电子课件、网络课程、立体化教材等事物的出现，为体育教学改革提供了新思路。20 世纪 90 年代末，体育高等院校开始大量开发 CAI 课件用于辅助教学，取得了较好的教学效果，如图 3－10 为羽毛球基本技术 CAI 课件截图。同时，体育高校还出现了大量精品课程和网络课程，为教师的教学和学生的学习提供了新的平台，如图 3－11 为篮球国家级精品课程截图。

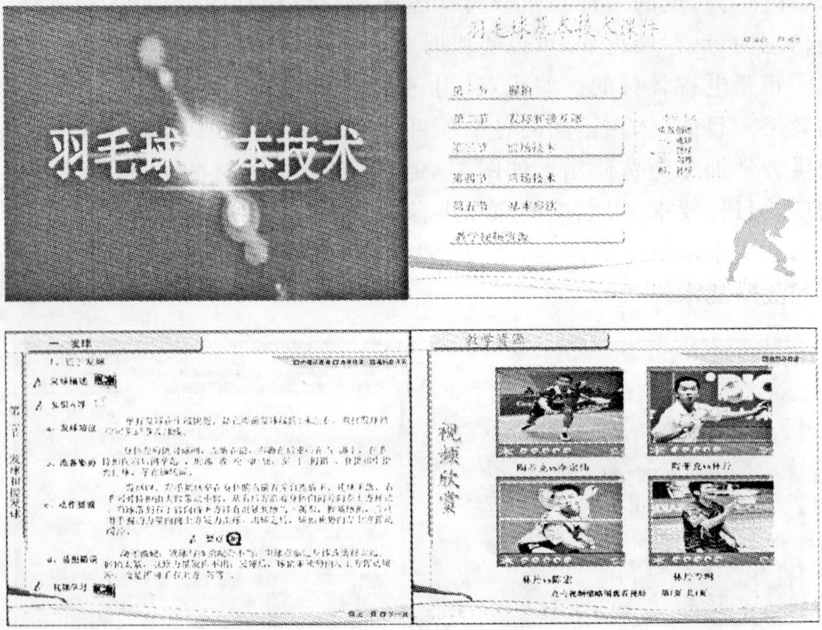

图 3－10　羽毛球基本技术 CAI 课件

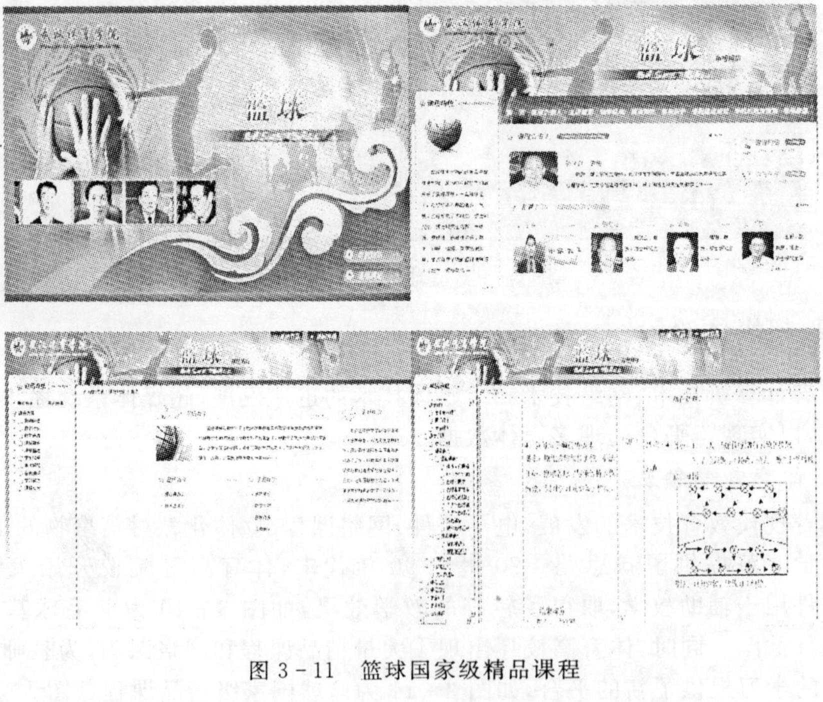

图 3－11　篮球国家级精品课程

2. 竞技体育领域

随着全球对竞技体育的重视，竞技体育已经发展到了一个相当水平，进一步提高运动成绩越来越依赖于先进的科学技术。国内外的体育专家经过长期实践与研究一致公认：在运动训练中引入数字视频技术，对运动技术提供基于视频的分析，可以帮助运动员在训练过程中尽快掌握动作的技术要领，减少盲目的重复，极大地提高训练效率、降低运动员受伤害的可能性，从而达到最佳的训练效果。目前在国外出现了几款运动技术视频分析软件，如瑞士 Dart Fish 公司的 Dart Trainer 软件，SIMI 公司的系列软件。此类软件已经在竞技体育运动训练中发挥了重要作用。在备战雅典奥运会训练时，美国奥委会为各个运动项目的美国国家队都装备了 Dart Trainer 软件。

运动视频分析是指对视频呈现的全局运动信息以及局部运动信息进行分析、描述和利用。它涉及到图像处理、计算机视觉、模式识别等相关技术。运动视频分析关键技术有全局运动估计技术、运动视频全景图合成技术、视频运动对象提取技术、视频运动目标跟踪技术、视频内容标注技术等。

全局运动是指在视频序列中占有较大比例的像素运动。全局运动估计的目的就是要从视频序列中找出造成全局运动的摄像机运动的规律。通常运动视频一般都存在显著的摄像机运动，因此获得准确的全局运动参数是进行运动技术视频分析的基础。

全景图合成是指由描述连续场景的一系列局部图像，得到一个单一的、展现整个场景全貌的图像。在传统的应用中，全景图获取的是场景中静态的没有移动的背景。近年来，围绕辅助与指导运动训练，对全景图合成又提出了新的要求。运动视频全景图不仅要完整地构建出运动场景的全局背景，更要求在背景上展现出一系列的前景，即运动员图像，从而完整展现出运动的轨迹和动作的细节。相对于运动视频本身，全景图提供的信息更直观、更全面，可以帮助教练员和运动员对动作的完成情况静态地进行分析，从全局上掌握动作的要领。

视频运动对象提取的目的就是要把场景中的运动对象同背景分割开来，是实现基于对象的运动分析功能的基础（如图 3－12 所示），现有的视频运动对象提取方法可简单地分为两类：一类以时序属性为分割依据，根据视频的时序属性来分割运动对象；另一类方法以空间属性为分割依据，主要根据图像的区域或者边缘信息来分割运动对象。

视频运动目标跟踪技术是指基于位置、运动、形状、纹理和颜色等特征，在连续的图像间建立起图像结构的对应性，可用于在视频中锁定运动目标，自动获取其运动轨迹。运动目标跟踪是计算机视觉领域的一个重要研究内容。

对运动视频进行内容标注的目的是实现对大量的运动视频数据进行有效的内

图 3－12　网球视频运动对象提取结果

容管理，便于用户快速找到所需的视频内容。体育运动视频是海量数据，在运动训练与教学中，用户真正关心并有可能反复观看的却只是其中的小部分。用户需要一种方便快捷的手段来访问运动视频的内容。对于运动视频，其内容标注主要是指通过对运动视频中各种特征的提取和处理来分析语义信息。常用的特征包括视觉的、听觉的以及文本的。视觉特征主要有颜色、形状、纹理和运动等。听觉的特征主要通过对与比赛相关声音，如击球声、观众的欢呼声以及解说员的语音进行处理来提取。文本的特征则来自于两个方面：一个是视频画面上出现的文字，另一个是电视信号中的隐藏字幕。

体育视频分析经过 10 多年的发展，在研究内容、算法、系统和应用等方面都有很大扩展与进步。从研究的广度来说，从单一的足球节目到多项球类运动（足球、篮球、网球、排球、乒乓球、橄榄球、棒球等），田径运动以及游泳等运动。在算法方面，由单一模态特征到多模态特征融合，从启发式推理到自动机器学习，算法在性能和速度上都有了很大进步。

讨论思考

1. 国外教育技术的发展历史中有那几个标志性的阶段？谈谈各阶段的特点及对教育技术发展的作用。

2. 谈谈我国教育技术发展的经历和发展中的问题以及解决方法。

3. 谈谈现代体育教育技术发展历史。

第四章　体育教学资源与体育教学媒体

【学习提示】

随着教育技术学科的迅速发展，越来越多的媒体应用于教学之中，突破了传统教学的"瓶颈"，让课堂教学充满生机和活力，受到了广大师生的欢迎。体育教学和运动训练属于动作技能领域的学习，将各种教学资源和媒体应用到体育教学与运动训练中，不仅可以突破传统体育教学与训练难以解决的一些问题，而且还能收到较好的教学训练效果。

本章介绍了教学资源与教学媒体的相关概念和知识，并在此基础上联系体育教学实际，总结了体育教学常用的媒体技术及应用方式。

【学习重点】

1. 教学资源定义和类型
2. 教学媒体定义
3. 教学媒体的分类
4. 教学媒体的特性及比较
5. 常用的体育教学媒体

第一节　教学资源概述

资源是一切可被开发与利用的物质、能量和信息的总和。教学资源是教育教学的基础，以保证教学活动正常进行为基本功能，并能支持教学和提高教学效果。充分利用教学资源可以有效提高教与学的效果和效率，促进教育教学改革，真正提高教育信息化水平。随着教育信息化工程的整体推进，要求教学资源建设也同步向前发展，从全球的教育信息化发展看，教学资源建设是重中之重。教学资源建设的良好发展，对于推进教育信息化进程，实现教育均衡化发展和跨越式发展，具有十分重要的作用。教学资源建设也是发展信息技术与体育教育整合的核心问题之一。

一、教学资源的定义

教学资源(Teaching Resource),顾名思义,就是教学可资之源,也就是为教学的有效开展提供的各种可利用的条件。从广义上讲,教学资源涵盖了人力资源、物质资源和信息资源等诸多方面,包括能够促进有效学习的所有资源。从狭义上讲,教学资源的概念根植于教育技术的媒体观,通常理解为应用于教与学过程的各种媒体设备和教学材料,如各类教学软件和教学传播系统等。

我国对于教学资源的定义主要集中在资源对于教学活动的支持上,大多采用了广义的含义。

乌美娜教授对于教学资源是这样定义的:所谓教学资源是指各种各样的媒体环境与一切可用于教育教学的物质条件、自然条件以及社会条件的总和。

顾明远先生在《教育大辞典》中对教学资源的定义为,教学资源是支持教学活动的各种资源,分为人类资源和非人类资源。

我国教育部2004年颁布的《中小学教师教育技术能力标准(试行)》中对学习资源的定义:学习资源(Learning Resources)是指在学习过程中可被学习者利用的一切人力与非人力资源,主要包括信息、资料、设备、人员、场所等。在课堂教学中所利用的学习资源也称教学资源。

国际上,AECT'77定义中,把学习资源分为设计的资源和利用的资源,AECT'94定义将学习资源界定为学习材料、学习环境以及学习支持系统。

从这些定义中,我们可以发现,教学资源一直是教育技术学关注的重点问题之一,但在各种国内外的定义中,"教学资源"常被"学习资源"所取代,近年来在各种论文和书籍中也经常可以看到这种变化。这种表述的变化反映了教育技术学领域研究重心的改变,教学资源从开始强调视听媒体资源的设计制作,到重视媒体资源在教学活动中的利用效率,再到更加重视学习,扩展为一切可以用来促进学生学习、支持学与教全部过程的各种支持系统、学习材料和环境条件的总称,体现了教育观念从以"教"为中心向以"学"为中心的转变。"教学资源"与"学习资源"这两个名词虽然经常混用,含义上也没有质的区别,但对于我国现在的教育现状,还是采用"教学资源"比"学习资源"更为合适。因为我国主要的学习形式还是教师为主的班级授课制,绝大多数学习活动是与教学活动同时发生的。在本书中统一采用"教学资源"的表述方式,将教学资源界定为支持教师的"教"与学生的"学"的教学材料、教学环境以及教学支持系统。

二、教学资源的类型

根据不同的分类标准,教学资源有多种不同的分类方式。从学科角度,可分为语文、数学、英语、物理、化学、历史、地理、生物、政治等;从资源的作用角度,可分为课件、模拟演示、教案、操作与练习、习题库、资源库等;从资源的使用环境角度,可分为基于课堂教学的资源和基于学习者课外自学的资源。

根据教学资源的组成,将教学资源分为人力资源、物质资源、信息资源和综合性的资源系统(如表4-1所示)。

人力资源不仅包括学校系统的教学人员,如专业教师、教学辅助人员等,而且也包括学生、教育专家、专业学者等。

物质资源包括各类教学设施、教学装备和教学媒体工具等以物质形态存在的其他资源。

教学信息资源是我们建设的重点。我国教育部教育信息化技术标准委员会2002年12月发布了《CELTS-41.1:教育资源建设技术规范》,将我国目前可建设的信息化资源分为九大类:媒体素材、试题、试卷、课件、案例、文献资料、网络课程、常见问题解答、资源目录索引。我们把这些归为四类:第一,传统课程资源,包括教学计划、课程方案等。第二,音像媒体教学资源,主要包括传统视听媒体资源。第三,多媒体集成型教学资源,包括各种多媒体教学课件、教学软件、各种教学系统等。第四,网络教学资源,指网络课程、教学网站、数字图书馆等各种网络共享资源。

综合信息资源作为一种集成型的软硬件集成环境,比如电子阅览室、语言实验室系统、远程教育系统等有特定用途的教学系统。

表4-1　教学资源分类表

<table>
<tr><th>资源类型</th><th colspan="2">各类学习资源举例</th></tr>
<tr><td>人力资源</td><td colspan="2">教师、学生、教学辅助人员、教学管理人员等</td></tr>
<tr><td>物质资源</td><td colspan="2">教学场所、教学设施、教学媒体、实验设备、直观教具等</td></tr>
<tr><td rowspan="4">信息资源</td><td>传统课程资源</td><td>教学计划、课程方案、教科书、教学讲义、教学活动方案、其他课程资料等</td></tr>
<tr><td>音像媒体教学资源</td><td>幻灯片、投影材料、录音教材、录像教材、VCD、DVD等视听教学材料</td></tr>
<tr><td>多媒体教学资源</td><td>CAI课件、多媒体素材库、教学工具软件、电子百科全书、教师备课系统、题库管理系统、教学管理系统、教学评价系统</td></tr>
<tr><td>网络教学资源</td><td>网络课程、教育网站、虚拟学校、虚拟教室、数字图书馆、Internet上的其他信息资源等</td></tr>
<tr><td>综合性资源系统</td><td colspan="2">学习资源中心、电子阅览室、多媒体教学系统、语言实验室系统、广播电视教学系统、校园网系统、网络电子教室、远程教育系统等</td></tr>
</table>

第二节　教学媒体

用来存储与传递教学信息的媒体统称为教学媒体。教学媒体是载有教学信息的媒体，是连接教育者和受教育者双方的中介物，是人们用来传递与取得教学信息的工具。教学媒体有别于教学资源，是教学资源的重要组成部分之一。

一、教学媒体的含义

1. 媒体

“媒体”一词来源于拉丁语“Medium”，音译为媒介，意为两者之间。它是指在信息传播过程中，从信息源到受信者之间承载并传递信息的载体或工具。也可以把媒体看作实现信息从信息源传递到受信者的一切技术手段。媒体有两层含义：一是指承载信息的载体；二是指存储和传递信息的实体。

第一层含义中，媒体指载有信息的物体，如印刷有知识文字和图片的书籍、录有音乐歌曲的磁带。反之，没有承载信息的物体，如空白的纸张、空白的磁带，则不能说是媒体，只能说是可用来书写、印刷或录制的材料。

第二层含义中，媒体是指存储和传递信息的实体，也可看作实现信息从信源传递到信宿的一切技术手段。在这一层含义上，媒体作为连接信源和信宿的中介物，其范围更加广泛。

习惯上将媒体分为硬件和软件两大类。硬件是指存储、传递信息的机器和设备，如幻灯机、投影机、录音机、录像机、电视机、计算机等。软件则是指可以存储、传递信息的纸张、胶片、磁带和光盘等，记录信息的书本、幻灯投影片、录音录像带、光盘和计算机软件等。硬件和软件是密不可分的统一体，只有配套使用，才能发挥存储和传递信息的功能。

2. 教学媒体

教学媒体是指以存储和传递教育教学信息为目的，载有教育教学信息，在教与学的过程中所采用的媒体。它是连接教育者和学习者双方的中介物。例如：专门用于课堂教学的计算机软件，由于具有明确的教学目的、教学内容和教学对象，称之为课件，同时也是一种教学媒体。从本质上看，教育教学活动过程是一种获取、加工、处理和利用信息的过程，因此作为储存与传递事物信息的任何媒体，都可以作为教学媒体。

概括来说，一般的媒体发展成为教学媒体要具备两个基本要素：

(1)媒体用于储存和传递以教学为目的的信息时，才可称为教学媒体。以教学为目的的信息，也就是教学信息，由教学目标决定。教学媒体区别于一般媒体，是为了达到特定的教学目标服务的，是为教师、学生等特定的对象服务的。

(2)媒体能用于教与学活动的过程时，才能发展成为教学媒体。任何媒体都可用来储存和传送教学信息，但是用于娱乐和通信领域时，并非教学媒体，只有经过改进，符合教学需要，用于教学活动时，才成为真正的教学媒体。

一般媒体要演变为教学媒体，必须要解决两大问题：一是硬件的改造，使它适合教学活动的需要，方便教师学生使用；二是软件的编制，使该媒体所储存与传递的信息是教学信息。

二、教学媒体的分类

对教学媒体进行分类，是为了更好地在教学中选择和应用这些媒体。因此，对媒体的分类应该以教学过程中的要素为依据，常见的分类方法有以下几种。

1. 依据使用媒体的感知器官分类

这种分类方法从教学内容出发，清晰地表明了教学媒体的信息表现能力与特点。根据这一分类的结果，教师可以有目的地选择教学媒体来展示教学内容。

视觉媒体：指传播的信息主要作用于人的视觉器官的媒体。如印刷品、图片、黑板、教科书、挂图、标本、幻灯、投影等。

听觉媒体：指传播的信息主要作用于人的听觉器官的媒体。如口头语言、录音机、广播等。

视听媒体：指传播的信息主要作用于人的视觉器官和听觉器官的媒体。如电影、电视、计算机等。

交互式多媒体：指传播的信息作用于人的多种感官且具有人机交互作用的媒体。如多媒体计算机系统。

2. 依据教学组织形式的需要分类

这种分类方法为教师在不同的教学形式、规模下选择教学媒体提供了有效的依据，教师可以根据自己的教学活动、学生数量来合理地选择媒体，争取最佳的教学效果与效率。

课堂展示媒体：投影、录像、黑板、CAI 课件等。

个别化学习媒体：印刷品、录音带、视频、动画、CAI 课件等。

小组教学媒体：图片、投影、白板等。

远程教育媒体：广播电视、计算机网络等。

3. 依据媒体的物理性质分类

根据现代教学媒体的物理性质可以分为光学投影教学媒体、电声教学媒体、电视教学媒体、计算机教学媒体和网络教学媒体。

光学投影教学媒体：包括幻灯机和幻灯片、投影机和投影片、电影和电影片等。这类媒体主要通过光学投影，把小的透明或不透明的图片、标本、实物投射到银幕上，呈现所需的教学信息，包括静止图像和活动图像。

电声教学媒体：包括电唱机、扩音机、收音机、语言实验室以及唱片、磁带等。它将教学信息以声音的形式储存和播放传送。

电视教学媒体：主要有电视机、录像机、影碟机、录像带、闭路电视系统和微格教学训练系统等。它主要储存与传送活动的图像和声音信息。

计算机教学媒体：包括计算机和计算机课件等。它能在各种教学活动中实现文字、图表、图像、活动图像等教学信息的传送、储存与加工处理，并且可以与学习者相互作用，开展有效的教学活动。

网络教学媒体：它可以实现基于网络的远距离教学，并且可以开展基于网络的协作学习、研究性学习等教学模式。

三、教学媒体的特性

教学媒体承载的教育教学信息以各自不同的符号形式呈现出来，刺激受信者的感官，因此各种教学媒体的教学功能及特性不尽相同。同时，教育教学信息的传递是一项系统复杂的活动，没有一种教学媒体可以包办所有的教学目标，因此在将各种教学媒体运用到教学过程中时，应分析每种教学媒体的教学功能及特性，根据实际需要和现有条件进行选择，做到取长补短，综合运用。

1. 教学媒体的共同特性

(1)重现性：指教学媒体可以记录和存储信息，以供需要时再现，可以重复使用。如果保存得好，这些媒体可以根据需要，一次次地被使用，而其呈现信息的“质”和“量”稳定不变。

(2)扩散性：指教学媒体可以将各种符号形态的信息传送到一定的距离，使信息在更大的范围内再现。媒体的扩散性使“秀才不出门，能知天下事”成为可能。

(3)组合性：指若干种教学媒体能够组合使用，不同的媒体从不同的侧面共同展现和传递教学信息，相互促进信息表达的效果。

(4)工具性：指教学媒体与人相比处于从属地位，它是人们获取信息、传递信息的工具，是人们的认知工具。教学媒体的效果还要靠开发、运用它的人来保证。媒体是可以被人使用或利用的，在获取、存储和传播信息的过程中，它能够帮助人实现各种感官延伸的目的。

(5)智能性：指教学媒体在特定的时空条件下，可以离开人的活动独立起作用，有时可以代替老师进行教育教学活动。有的甚至能对学习者的个人特征做出鉴别，从而向学习者提供适合的学习策略指导，如智能CAI、Agent在网络课程中的应用等，使教学媒体具有一定的智能特性。

(6)从属性：媒体是人创造的，人仍然是主体，各种媒体与人相比仍具有从属性。因此，它的延伸作用也只能靠人的操纵和指挥来完成。

(7)能动性：尽管媒体具有工具性和从属性，但媒体的本身是一种客观的物质存在，在特定的时空条件和信息内容的作用下，可以离开人的主观意识而独立发挥作用。

(8)可替换性：这一特性与媒体的工具性和从属性也有着密切的联系，当人们为了使某种延伸或信息的交换更为有效时，可以选择或替换更为恰当的媒体。

2. 教学媒体的个别特性

(1)呈现力。呈现力是指教学媒体表现客观事物空间、时间和运动特性的能力。幻灯、投影在呈现事物的空间特性方面能力较强，而在表现时间和运动特性方面不如电影、电视和多媒体计算机。但由于它是以静止的方式表现事物，学生就可以仔细地观察事物的细节。无线电广播、录音是以时间因素来组织信息的，并借助语言、音乐和实际事物的音响来表现事物，因此对于事物的空间特性的呈现是较为抽象的。电影电视与多媒体课件都能够以活动的图像和同步的声音去呈现事物的运动变化过程。前者能全面呈现事物的空间、时间、运动特性，具有很强的信息呈现力，但由于它转瞬即逝，不利于学生细心观察与思考。后者则在呈现事物的空间特性上能力较弱。多媒体计算机与多媒体综合教室可以将文字、实物、标本、声音、图像、幻灯、投影、电影、电视等融于一体，综合运用，因而具有强大的呈现力。

(2)重现力。重现力是指媒体不受时间、空间的限制，把记录、存储的内容随时重新使用的能力。照片、幻灯、电影胶片须经冲洗后才可使用，并可反复重现。投影则不需冲洗就可反复使用。现场的无线电广播和电视直播要求传者和受者同步进行，不可重现。但录音机、录像机可以将信息记录、存储，随时重现，不受次数、时间、空间的限制。多媒体计算机和网络媒体是不受时空限制、能够随时重现的媒体，只要制作好并在互联网上发布，任何学习者无论什么时间、无论身处何地，只要登录进入相应的站点，都可以浏览相关的内容。

(3)接触面。接触面是指把信息同时传递到接受者的范围，可分为无限接触和有限接触。幻灯、投影、电影、录音、录像一般只是在教室范围内使用，因而接触面有限。无线电广播和电视克服了空间的限制，可以将声音和图像信息传送到无限广阔的范围。网络媒体克服了时空的限制，无论距离远近都可实现信息的获取和交流。

(4)参与性。参与性是指在媒体的使用过程中，学生有共同参加活动的机会，可分为感情参与和行为参与。放映幻灯和投影时，师生能以面对面方式呈现材料和进行学习、讨论,使学生在行为上积极参与。电影、电视、广播则由于具有很强的表现感染力,易于引起学生情感上的反应、兴趣和注意,从而诱发学生情感上的参与。多媒体计算机和网络媒体具有很强的交互性,允许学习者本人选择学习内容、学习方式、学习路径,能够充分发挥学习者的积极主动性,使学习者无论在情感上还是行为上均高度参与。

(5)受控性。受控性是指使用者对媒体操纵控制的难易程度。幻灯、投影、录音、录像、计算机都比较容易使用和操作,并有效地为不同的人提供不同的服务,实现个别化学习。电影放映则必须接受专门的训练,才能有效操作。对于无线电广播和广播电视,使用者无法掌握播出时间、播出内容和播出速度,只能被动地收听收看,所以难以控制。多媒体计算机和网络媒体则比较容易控制,学习者不用考虑时间和空间的限制,只要有条件上网,随时都可以使用网络学习资源进行学习。在实际教学活动中,应根据教学目标、教学内容、教学对象、教学条件选择合适的媒体,充分发挥媒体的长处,取长补短,组合使用,以取得好的教学效果。

3. 现代教育媒体的优势

与传统教育媒体比较,现代教育媒体具有形象性、再现性、先进性和高效性等特点。

(1)形象性。现代教育媒体不仅能传送语言、文字和静止图像,而且能传送活动图像,增强了信息的表达能力和教学直观性,将教学内容具体形象生动地传达到并作用于学生感官,可以有效激发学生学习兴趣,提高教学质量和效率。

(2)再现性。运用现代教育媒体再现"事物",可以源于"事物",并具有极丰富的表现力。它能根据教学需要,将所要表现的具体事物在虚实、快慢、大小、远近、零整之间转换变化,使教育和教学内容涉及的事物、现象、过程不受时空限制,再现于课堂,如:长征火箭升空、彗星撞击木星、陨石雨的出现、历史的回忆、异国的风光、动作的细节、生物的细胞和物体的微观结构等,而且现象明显,重点突出,可见度大,引导人们在"教与学"的内容上向更广、更深处发展。

(3)先进性。现代教育媒体中的设备,功能齐全,能满足教学上的各种需要,尤其是幻灯机、录音机、电视机、录像机、视盘机等日益微型化、自动化、遥控化,给教学带来方便。随着高新技术的发展,教育媒体正在向综合化、现代化方向发展。

现代教育媒体中的声像教材,采用片、带、盘、课件等多种存储形式,把形、声、色、光、动、情、意融为一体,表达教育教学内容,具有新鲜感,使学生喜闻乐见,有利于教学效果的优化。随着现代教育技术的不断发展,声像教材也日趋与文字教材配套。

(4)高效性。现代教育媒体的高效性关键在于教育信息传输效率高,学生对信息接受效率高,并对所接受的知识记忆效果好,这些正是现代教育媒体的优势所在。

此外,现代教育媒体还具有普遍适应性,它适合各个年龄层次的多种教育,包括幼儿教育、普通教育、高等教育、成人教育、特殊教育、继续教育等。由于现代教育媒体具有上述特点和优势,因而在学校和社会教育中广泛运用它来提高教育质量和效率,扩大教育规模,促进教育现代化。

四、常用教学媒体特性比较

关于对教学媒体特性比较的研究,国际学术界一般认为日本学者坂元昂的研究成果最具代表性。他在对常用媒体的教学特性进行调查研究的基础上,提出了如表 4－2 所示的常用教学媒体特性评价表,并对 13 种教学媒体,从功能、目标、成本、使用方式等方面进行了比较。

表 4－2　常用教学媒体特性比较

教学特性 \ 媒体种类		教科书	程序课本	黑板	模型	卷片幻灯	电影	投影	电视	反应分析装置	模拟机	录像	教育信息处理器	计算机教学系统
功能	呈现信息	★	★	□	□	★	★	□	★	×	□	★	×	□
	反馈信息	△	□	×	△	×	△	□	×	□	★	□	×	★
	激起反应	□	★	△	□	★	□	□	★	×	★	★	×	★
	控制反应	□	★	△	△	□	□	△	□	×	★	★	×	□
	诊断评价	×	□	×	△	×	×	×	×	★	□	□	★	★
目标	知识	★	★	□	□	★	★	★	□	…		★	…	★
	技能	×	△	×	□	×	□	×	×		★	★		△
	能力	□	□	□	□	△	□	□	□		□	□		□
	态度	□	△	△	□	★	□	×	★		△	△		△
成本	准备精力	□	△	★	□	×	□	□	□	△	×	△	×	×
	设备投资	□	△	★	△	△	△	△	△	×	×	×	×	×
	日常耗费	★	★	★	□	×	△	□	★	□	★	△	×	×
	保存性	□	□	★	□	△	□	★	□	△	△	★	□	□
	反复性	□	□	□	★	△	★	★	×	×	★	★	△	△
使用方式	便利性	□	□	△	□	△	★	★	★	□	□	□	×	△
	个别指导	★	□	□	□	×	□	×	□	×	★	★	×	★
	集体指导	★	□	□	□	★	□	★	★	★	×	□	□	□
	实用性	★	□	★	□	□	□	★	★	□	★	□	△	△

注:★最佳　□较佳　△困难　×不利

我国学者则从媒体的表现力、重现力、接触面、参与性和受控性五个方面对教学媒体的性能进行考察并加以比较分析，表 4－3 为各种教学媒体的特性比较。

表 4－3　各种教学媒体的性能比较

教育特性 \ 媒体种类		教科书	板书	模型	无线电	录音	幻灯	电影	电视	录像	计算机
表现力	空间特性		√		√	√	√	√			
	时间特性	√	√		√	√		√	√	√	√
	运动特性							√	√	√	√
重现力	即时重现		√			√				√	√
	事后重现	√		√		√	√	√		√	√
接触面	无限接触	√			√				√		
	有限接触		√	√		√	√	√		√	√
参与性	感情参与				√	√		√	√	√	
	行为参与	√	√	√			√				√
受控性	容易控制	√	√	√		√	√			√	√
	难以控制				√				√		

由于教育技术已经不再把对各种教学媒体的教学功能进行比较作为研究重点，因此后来也没有在这方面继续深化与扩展，但是上述研究揭示出：并不存在一种万能的超级媒体，各类媒体具有不同的教学特性，关键是要根据教学目标、教学内容、教学对象以及可能的客观条件选择合适的媒体，并充分发挥其长处，才能取得良好的效果。这一思想并没有过时，仍是指导我们利用媒体进行教学的重要理论依据。下面我们就来看看如何在此思想指导下对教学媒体进行选择。

五、教学媒体的选择依据

1. 依据学习者特征

学习者特征主要是指学生的年龄、兴趣、动机、认知水平和认知特点等。不同年龄阶段学生的兴趣爱好和学习动机并不完全一样，认知特点也不相同。比如，小学生的认知特点是以直观形象思维为主，对教学内容更关注趣味性，注意力不容易持久集中。所以这个阶段可以较多地使用幻灯、电视电影和录像。这些媒体表达信息的特点是内容生动形象，声情并茂，能激发小学生的学习兴趣并符合小学生的认知特点。

2. 依据教学目标

每个单元、每个课题和项目都有一定的教学目标，即具体的教学要求，比如要使学生知道某个概念，或明白某种原理，或掌握某项技能等。为达到不同的教学目标常需使用不同的媒体去传输教学信息。以外语教学为例，让学生知道各种语法规则或使学生能就某个题材进行会话是两种不同的教学目标。前者往往采用教师讲解，辅以板书或投影材料，使学生在井井有条的内容安排中形成清晰的语法概念，后者往往采用角色扮演并辅以幻灯或录像资料，使学生在情景交融的沟通条件下掌握正确的言语技能。但假如是为了纠正学生的外语发音，则最好采用录音媒体。

3. 依据教学内容

教学内容的性质不同，适用的教学媒体也会有区别。例如在外语教学中学习常用的对话，一般通过教师使用媒体创设某些情景，使学生有身临其境的感受，根据自己的想象和已学句型来设计对话，能够加深理解和体会。又如数学、物理等学科的概念、法则和公式都比较抽象，要经过分析、比较、综合等一系列复杂的思维过程才能理解，所以选用的媒体既要能以动态、交互的方式表现对象之间的关系，又要便于学生主动探究和发现，才能使学生的逻辑思维能力、空间想象能力和运算能力得到较好的训练。应该注意的是，在讨论教学媒体选择时，切不可将教学媒体与所使用的教学方法相分离。因为尽管同一种媒体，承载相同的信息，但是由于使用媒体的方法不同，得到的效果也会大相径庭。

4. 依据媒体特征

各种教学媒体具有不同的适用性。在前面介绍了不同媒体的特性，在实际应用中，需要依据媒体的特性来选择媒体，只有最适用媒体，而没有最优媒体。在充分了解各个媒体的优点和局限性后，才能在使用中扬长避短，对它们进行综合应用。比如，能用实物观察的，就无须用图片和视频；能动手实验操作的，就无须用模拟教学。

5. 依据客观条件

客观条件主要涉及媒体的易获性、适用性等。教学中能否选用某种媒体，还要看当时当地的具体条件，其中包括资源状况、经济能力、师生技能、使用环境、管理水平等因素。例如，若教室不具备遮光设备，则连"价廉物美"的投影、幻灯都难以使用。计算机辅助教学应用广泛，但除了需要资金购买计算机，还得培训使用人员。有的学校管理混乱，即使已经置备现代化教学媒体，也不一定能很好地发挥作用。

总之，在传授知识、培养技能和开发智力、转变学习者态度等方面，每种教学媒体都有各自的功能和特点，不存在对任何信息、任何教学都适用的超媒体。当然，媒体的使用效果不仅与媒体本身有关，还与媒体的设计、制作、传递质量以及采用的教学方法有很大关系。

第三节 体育教学常用媒体

多媒体技术、网络技术作为信息时代的两大支柱架构起了新科技的宏大景观，它们给人类的生产、生活、交往、学习和思维方式等各个方面带来前所未有的变革，也不可避免地波及到体育领域，对体育教学产生了巨大的冲击。随着现代媒体技术在体育教学中的广泛应用，媒体在体育教学中的重要性日益突出。它通过影响体育教学的各个方面，提高了教学效果和教学效率。

体育教学媒体，是指为实现体育教学目的，在体育教学过程中，携带并传递教学信息，影响师生信息相互交流与传递的工具，它能存储、表达、传递和传播体育教学信息，能在体育教学过程中为人所选择、控制和操作使用。

一、体育教学特点

体育教学相对大多数学科教学而言，具有特殊性。体育教学是教师向学生传授体育知识、动作技术，以实现增强体质、掌握运动技能的过程，学生需要经过反复的动作训练，通过身体活动与思维活动紧密结合来掌握体育知识和运动技能。体育教学的大部分授课时间在户外完成，只有少部分体育理论课程是在教室中进行，教学目标主要是动作技能类目标。体育教学的特殊性对体育教学媒体的选择提出了更高的要求。

二、体育教学媒体的作用

1. 利用媒体表现运动细节

在运动动作教学中，讲解和示范难以表达动作细节，学生也就很难掌握动作要领和精髓，利用技术手段记录或仿真优秀运动员和优秀体育教师的动作，再以视听媒体形式呈现给学生或运动员，不仅可以提供“声形并茂”的整套动作过程，而且可以通过定格来展示动作过程中的某一状态，还可以通过“慢动作”来表现各个状态的连续过程，使学生能够明确动作技术的重要环节，并能引导学生加强对重点技术的练习。

2. 利用媒体纠正错误动作

体育教学过程中教师需要不断修正学生的错误动作，巩固和提高学生掌握正确动作技术。作为教师，关键是能及时发现错误并能针对学生产生错误的原因进行及时纠正，防止错误动作的定型。在技术动作的教学中，每个完整的动作都是由单个动作组合而成的，牵制到身体的不同部分。如果采用电视录像将学生完整动作录制下来，学生观察自己的连续完整动作、某个单个动作，就非常容易纠正。并且视频分解可分可合，可以表现连续动作的全过程，也可以从某个角度表现动作，不断地反复再现，还可以定格分解每个动作，可使学生、教师观察到技术细节，以便迅速纠正错误，提高教学效率与质量。

3. 利用媒体激发学习兴趣

体育教学的对象是学生，这些学生由于个体差异不同，身体素质不同，他们对体育教学中所教项目的喜好程度也有所不同，仅仅单纯的讲解和示范难以激发学生兴趣。而视频、动画等视听媒体以直观而鲜明的图像，生动而精炼的语言，充分调动学生的各种感知器官，使学生具有身临其境的感觉，在激发学生的学习兴趣，活跃课堂气氛，培养学生的能力，提高体育教学效率等方面都有着非常重要的作用。为了提高学生学习体育的兴趣，应该充分发挥现代教育媒体的优势，使学生对所学项目感兴趣。

三、体育教学常用媒体

体育教学常用的媒体是视听媒体和交互媒体，具体来说主要指视频、动画和计算机交互媒体，下面简单介绍几种常用的体育教学媒体。

1. 数字视频媒体

体育教学过程是动态过程，体育运动也是动态的过程，因此能够记录重放动态过程的视频是非常适合体育教学使用的。在诸多体育教学环节中，需要让学生掌握传统的动作技能套路，并能在此基础上灵活地应用与创造新的动作技能。在这个过程中，视频演示和动作分解具有非常好的效果。

在体育运动中，有许多运动技术不仅结构复杂，甚至需在一瞬间完成一连串复杂的动作(例如:体操技巧的滚翻、单杠的回环动作等)，而且还是一些非常态动作，即日常生活中从来不使用的运动动作，这给教学带来很大难度。传统体育教学方式是教师在示范的基础上进行讲解，学生很难看清楚，另外教师自身的动作规范程度和水平也影响着学生学习效果。利用数字视频技术，可挑选专业的动作标准的教练或者运动员录制标准的动作示范，能够有效规范运动技能，还能够随时重放，或者采用慢动作、暂停等功能，此时教师可以讲解各分解动作要领，进而抓住动作的关键部分，突出重点、难点，帮助学生看清楚每一瞬间动作的技术细节，让学生更快、更全地建立起动作表象，提高认知阶段动作学习的教学效率。

2. 数字动画媒体

在部分高难度动作讲解时，传统教学手段中靠挂图展示或教师自身的动作示范讲解达不到理想效果。为了解决这个问题，可以采用动画中的移动、旋转、定格、慢速播放、闪烁、色彩变化等效果，配以同步解说等手段来表达教学内容，增强教学效果。例如：在技术动作讲解示范过程中，利用图形的移动、旋转、定格来演示运动的轨迹、动作过程及身体各部分的空间位置。

例如：演示铅球投掷动作，可以利用动画将动作局部放大，慢速播放，免去教师大量的讲解示范，使学生在短时间内掌握动作细节。并且可以摒弃多余的复杂外显内容，直接显示技术要点。在某些项目的教学中，采用多媒体动画辅助教学可以让体育教学中的重难点清楚地呈现出来，帮助学生较好地掌握技术动作，提高教学效果和效率。

3. 多媒体交互课件

专为体育教学设计的计算机多媒体课件也是现代媒体技术在体育教学中的重要应用。一个精心设计、内容丰富、结构合理、层次分明的优秀课件，可以大大提高学习效率和效果。如把平面的、简单的资料形式，利用多媒体计算机综合处理能力及交互式特点予以集成，利用文字、图片、动画、影像等媒体，合理地呈现教学内容和创造逼真的教学情景，激发学生的积极性，改善教学效果。

讨论思考

1. 请谈谈你对教育资源的认识与理解。

2. 从小学到大学的学习过程中，你的老师曾使用过哪些教学媒体？有什么变化趋势？你觉得现代的教学媒体是否起到了促进学习的作用？

3. 你的体育课老师使用过教学媒体吗？是如何使用的？你觉得效果如何？如果没有，你认为在体育教学中适合使用什么媒体？如何使用？

4. 查阅资料，了解我国运动员在哪些运动训练中采用哪些媒体，如何辅助训练。

第五章　体育教学过程与运动训练过程

【学习提示】

现代体育教育技术的重要研究对象之一就是体育教学过程和运动训练过程，只有了解了这两个过程，教学和训练才能得心应手。本章从学习过程、教学过程的相关概念入手，详细阐述了学习过程和教学过程的经典理论，并在此基础上探讨体育教学与运动训练过程。

【学习重点】

1. 学习过程的含义、学习目标的分类、学习过程模型
2. 教学过程的含义和基本阶段、教学组织形式、规律和教学结构
3. 体育教学特点
4. 体育微格教学
5. 运动训练过程

第一节　学习过程

一、学习过程的含义

广义的学习是指人类以经验的获得去适应其周围不断变化环境的过程。狭义的学习是指学生在教师指导下进行有目的、有计划、有系统地掌握知识技能和行为规范的过程；也指学生在教学情境中通过与教师、同学以及教学信息的相互作用获得知识、技能和态度的过程。各派学习理论对学习的定义也不尽相同。

行为主义学习观：学习是指由经验引起的行为的相对持久的变化。

认知主义学习观：学习是指由经验引起的行为或倾向的相对持久的变化。

建构主义学习观：学习是指学习者在与环境交互作用过程中主动地建构内部心理表征的过程。

对于学习过程的阶段理论的说法也有所不同，在学习过程的一般理论中，一个完整的学习过程通常包括三个阶段。

(1)习得阶段。这一阶段学习者通过感知去获得丰富的感性知识，其核心智力因素是学习者观察力。学习者在习得阶段获得新的知识信息，他们必须把新知识与原有的认知结构相联系，从而获得具有一定分离强度的心理意义。

(2)保持阶段。是为了把上一阶段中所获得的大量信息牢固地保存在头脑中，而对其进行编码加工，使之系统化、概括化的过程。这一阶段的核心智力因素是学习者思维力和想象力。学习者一方面保持新获得的意义的分离强度，另一方面，由于记忆还原，新知识的分离强度逐渐下降。

(3)再现阶段。即巩固知识的过程，通过记忆把摄取和理解的知识牢固地保留在头脑中，以便在需要时能及时地提取出来加以运用。这一阶段的核心智力因素是学习者的记忆力。

在学习完整的过程中，保持和再现的性质是由学习的性质决定的。学习阶段是机械的，保持和再现阶段也必定是机械的；只有学习阶段是有意义的，保持和再现阶段才能是有意义的。有意义学习过程的实质，就是符号所代表的新知识与学习者原有认知结构中已有的适当知识建立非人为的和实质性的联系。

我国学者把学习的过程分为四个阶段：感知阶段、理解阶段、保持阶段和应用阶段。学习过程是一个信息的获取、加工、贮存和转化的过程。首先通过观察，感知知识的表面特征，即通过语言、文字、声像符号获取知识；通过思维加工，将抽象的知识及其概括的事物的本质规律系统化、条理化；通过记忆，把有用的知识输入大脑贮存起来；经过加工，把所学的知识转化为各种能力，用妥当的方式、方法去解决在实践中遇到的各种问题。

二、学习目标的分类

对学习目标的分类研究最为系统性和代表性的有布卢姆(B. S. Bloom，1913—1999)的教学目标分类体系和加涅(R. M. Gagne，1916—2002)的学习结果分类理论。

1. 布卢姆的教学目标分类体系

布卢姆将教学目标分为认知领域、情感领域和动作技能领域。他认为教育目标分类的作用就在于向教师提供一套统一的术语，并为测量评价教学效果和编制测试题提供客观标准。

(1)认知领域。认知领域是教育领域中运用最广泛的领域。

布卢姆把认知领域的教育目标分为六级。

知道：指对先前学习过的知识材料的回忆，包括具体事实、方法、过程、理论的回忆。

领会：领会亦称理解或领悟，是较低层次的处理各种材料和问题的理智操作方式，是指把握知识材料意义的能力。

运用:是指将所学到的规则、方法、步骤、原理、原则和概念等运用到新情境的能力。

分析:是指把复杂的知识分解为若干组成部分并理解各个部分之间联系的能力。

综合:是指将所学到的片断概念或知识、原理、原则与事实等整合成新的知识整体的能力。

评价:这是认知目标中最高层次的能力,它要求超越原先的学习内容并需要依据某项标准作出价值判断。

(2)情感领域。情感领域的目标是对学生进行情感教育,可以培养学生对学习或事物的兴趣,形成正确的态度,提高鉴赏能力,更新价值观等。情感教育不仅仅局限于思想政治类课程,各门学科都存在着情感教育的内容。

接受:指学生感受到某些现象和刺激的存在,愿意接受或注意这些现象和刺激。

反应:这是指主动的注意,即积极地参与反应。如果学生对某学科表示有兴趣学习,即为反应的层次。

价值判断:是指对于接触到的事情、现象或行为感到有价值,因而表现积极的态度和重视其价值。"态度"和"欣赏"即为此层次的行为。

价值的组织:当个人以不同的程度评价许多事物的价值时,他就开始发展自己的价值系统。将这些不同的价值系统组织起来,使其具有一致性,即为价值的组织。学生能确定其人生观或处世哲学,就是此层次的行为。

价值的个性化:这是将价值系统内在化,成为个性或信念的一部分,个人就以其信念行事。

(3)动作技能领域学习目标。动作技能表现在迅速、精确、流畅和娴熟的身体运动中,是一种必须经过反复练习才能学到的能力,动作技能是体育教学和运动训练过程中学习者学习的主要技能。要想使学生学会动作技能,必须先告诉他们动作要领,才能让他们开始练习,所以动作技能学习与认知学习有着密切的关系。

动作技能的学习目标可以按认知和熟练程度,从低级到高级分为七个等级。

知觉:为了指导动作技能的操练,学生必须首先运用感官得知有关动作技能的知识,借此获得信息以指导动作。比如在学习跳高时,学生要先听老师讲解动作要领,再看老师的动作示范,才能明白该怎样去实践。

准备:指为某种稳定的活动的准备,包括心理定向、生理定向和情绪定向三个方面。在这个阶段,学生必须从心理、肌肉、骨骼和情绪等方面做好学习的准备。如操练前的准备动作或回忆动作要领。

有指导的反应:就是在认知的基础上进行的模仿。在模仿的过程中,学习者不可避免地会做出一些错误动作,这时教师应给予具体指导,及时纠正错误动作。这是学习复杂动作技能的早期阶段。

机械动作：指学生的反应已成为习惯，能以某种熟练和自信水平完成动作。这一阶段的学习结果涉及各种形式的操作技能，但动作并不复杂。

复杂的反应：学生在完成动作的过程中，可以做到精确、迅速、连贯协调又轻松稳定，即使是一些复杂的动作模式也能够熟练地完成。

适应：与前一阶段不同的是，学生能够在熟练地完成动作的同时，根据自身的特点、特殊装置或满足具体情境的需要，能够适当地修正自己的动作模式。这是动作技能的高水平发展阶段。

创新：能创造出新的动作模式，这是以熟练的动作技能和高级认知水平为基础的创造能力。

2. 加涅的学习结果分类理论

加涅将人类学习结果分成五类，分别是言语信息、智力技能、认知策略、动作技能和态度。这五类学习代表了学习者所获得的所有学习结果。

(1)言语信息。言语信息是用口头语言或书面语言表达或陈述的事实性知识或事件信息。加涅将所获得的言语信息区分为“事实”、“名称”、“原则”和“概括”。学习者学习或保持大量的言语信息，有助于智力技能、认知策略的学习。

(2)智力技能。智力技能是学习者通过符号与自己所处环境作用及反应能力。

根据智力技能层次可细分为：

辨别：是对一个或几个物理量不同的刺激物作出不同反应的能力。

概念：是对一类事物的共同的本质特性的反映。概念按其抽象水平又可分为具体概念和定义概念。

规则：是揭示两个以上概念之间的关系的一种言语表述。它可以是一个定律、一条原理或一套已确定的程序。

高级规则：又称解决问题，是学习者在解决问题过程中的思维产物，它由一些简单规则所组成的复杂规则，适合于解决不同内容的问题或是更复杂的问题。

(3)认知策略。认知策略是学习者用以控制注意、学习、记忆、思考等行为的内在组织技能。认知策略可用于实现学习者对自己学习行为的修正和调节的技能。加涅区分了认知策略与一般智力技能的关系：一般智力技能是运用符号处理事情的能力，即处理外部世界的能力；而认知策略是学习者对学习过程进行自我控制和调节的能力，即处理内部世界的能力。

(4)动作技能。学习者在体育活动中学习各种各样的动作技能，以及含有动作技能的工具即操作程序。动作技能最显著的特征是可以通过练习而改进，但这种练习不适用于智力技能、信息和态度等知识的学习。

(5)态度。态度是影响个体对人、对物、对事的行为的复杂的内部状态，它带有情感和行动，而不需很多知识的参与。加涅认为态度是一种习得的内部状态，它影响个人对某些事物采取行动的选择。

3. 布卢姆的教学目标分类和加涅的学习结果分类的比较

布卢姆的教学目标分类和加涅的学习结果分类比较如表 5－1 所示。

表 5－1　布卢姆的教学目标分类和加涅的学习结果分类比较

布鲁姆学习目标的分类		加涅学习目标的分类		
认知领域	知道、领会、应用、分析、综合、评价	认知领域	言语信息	
			智力技能	辨别、概念、规则、高级规则
			认知策略	
情感领域		态　度		
动作技能		动作技能		

将加涅的学习结果分类与布卢姆的学习目标分类作比较，不难发现，两个分类的大框架是完全一致的。二者相同点有：

(1)二者都是对学习结果进行分类。布卢姆所说的教育目标从一定意义来说就是加涅所说的学习结果的分类，并且都把学习目标分为三类。

(2)二者都认为学习是循序渐进的过程，把智力技能分为由低到高的不同层次。

(3)二者都认为学习是一个积累的过程，布鲁姆认知领域层次分类和加涅智力技能各层次分类都是累积性的，较高层次的行为都包含了较低的层次行为，这对学习的指导意义在于：学习应重视智力技能与解决问题能力的培养，而不是仅停留在"知道"概念或言语信息上。

(4)布卢姆的情感领域目标和加涅学习结果中的态度、动作技能两个领域观点一致，均认为学习应与实践相结合，学习的目的是为了应用知识提高解决问题的能力。

但是具体分析二者也存在着一些不同的地方：

(1)二者认知领域内部各亚类的划分标准不同。布卢姆以教学结果所导致的学生外显行为来分类，而加涅以学习内容、对象来分类。

(2)布卢姆的分类系统采用的标准是测量学的，每一目标都是围绕如何测量或操作的角度提出的。加涅在对学习结果进行划分时，不仅考虑了结果的测量，也阐明了每类学习结果的学习过程、条件及其相互间的层次关系，弥补了布卢姆的分类系统的缺陷。

(3)布卢姆分类的过程注重学习的层次性、连续性、积累性；加涅仅在分类中有比较明显的层次性、连续性、积累性。

(4)布卢姆的分类系统在具体指导学与教过程中缺乏可操作性,加涅的学习系统强调了人类的认知过程和思维内在机制,为每一类技能的学习指出了最为合适的内部条件和外在条件,更有助于指导实际教学。

三、学习过程模型

人体本身就是一个最有效的信息加工和储存系统。因为人类的记忆几乎允许立刻提取所储存的信息,而且其容量之大是任何计算机都不能比拟的。信息科学的发展,尤其是计算机模拟人脑活动,为进一步探索人类高级认知活动规律提供了可能。

在学习过程模型的研究中,加涅的信息加工学习过程模型最具权威性。美国著名心理学和教学设计专家加涅吸取了信息科学和计算机科学的研究成果,于1974年提出学习和记忆的信息加工的理论和方法来解释人类复杂的学习过程,并运用计算机来模拟人的学习活动,综合各种模型优点绘制出学习与记忆的信息加工模型(如图5-1所示),比较符合人类学习的特点。从模型可以看出,人的学习与记忆是由加工系统、执行控制系统和预期系统三者相互影响、相互作用、协同活动的过程。

学生从环境中接受刺激,刺激推动感受器(感觉器官),并转变为神经信息。这个信息进入感觉登记,这是非常短智的记忆贮存,一般在百分之几秒钟内就可以把来自各感受器的信息登记完毕。有些部分登记了,其余部分很快就消逝了。

被感觉登记了的信息很快进入短时记忆。信息在这里可持续二三十秒钟。短时记忆的能力很有限,一般认为只能贮存7+2个信息项目。一旦超过了这个数目,新的信息进来,就会把部分原有信息赶走,若欲保持信息,就得采取复述的策

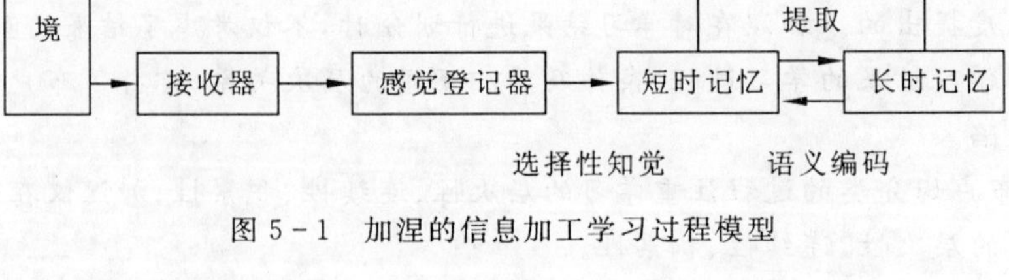

图5-1　加涅的信息加工学习过程模型

略。但复述只能有利于保持信息以便编码，并不能增加短时记忆的贮存量。

当信息离开短时记忆进入长时记忆时，信息发生了关键性的转变，即要经过编码过程。所谓编码，不是把有关信息收集在一起，而是用各种方式把信息组织起来，信息是以编码形式贮存在长时记忆中的。一般认为，长时记忆是个永久性的信息贮存库。

当需要使用信息时，需经过检索提取信息。被提取出来的信息可以直接通向反应发生器，从而产生反应；也可以再回到短时记忆，对该信息的合适性作进一步考虑，结果可能是进一步寻找信息，也可能是通过反应器作出反应。

在模型中，"执行控制"和"期望"是很重要的部分。加涅认为，正是它们发出的信号激活和变更信息的流程。学习者在了解其学习目标（期望）的情况下，会反过来影响对外部刺激的选择性知觉、在记忆中的编码以及把它们转换为行动。因此，学习发生的方式主要受到执行控制和期望结构所引起的过程的影响。

从加涅的这一模型可以看到，人脑的信息加工与计算机的信息加工，既有共同点又有不同点。从信息的流程看，二者是有共同之处的，但人脑这一储存系统与计算机系统内的存储器显然不同，计算机只是接受信息，简单地予以登记，并把每一特殊信息送到系统中每一特定位置上；而人脑则要对所有进入的信息进行分析，看其是否符合个人原有的知识系统。人在接受信息时具有高度的选择性，在信息进入系统后，只有纳入有组织的认知结构，才能保证记住。而这一结构在人脑中又是没有特定的位置的。这些区别充分反映了人类学习受意识控制、不同于机器的特点。加涅认为学习过程都可以被分解成八个阶段，如表 5－2 所示。

表 5－2 加涅学习过程八阶段

学习阶段	学生内部过程	教学事件
动机阶段	期　望	激发动机
领会阶段	注意：选择性知觉	告知目标
习得阶段	编码：储存登记	指导注意
保持阶段	记忆贮存	刺激回忆
回忆阶段	提　取	提供学习指导
概括阶段	迁　移	增强保持
作业阶段	反　应	促进学习迁移
反馈阶段	强　化	布置作业提供反馈

四、影响学习过程的主要因素

在学习过程中，受到诸多因素的影响，主要因素有：身心发展状况、原有认知结构、学习策略、学习风格、学习动机以及外部环境等因素。

1. 身心发展状况

学习者的心理发展、生理发展及学习者的学习需要是学习的前提基础；而学习也可以促进学生的生理及心理发展。

2. 原有认知结构

学习者已有的认知结构水平、原有的认知结构是学习者的学习得以发生和保持的关键因素。

3. 学习策略

学习策略主要指在学习活动中，为达到一定的学习目标而应掌握的学习规则、方法和技巧，即学生能够自觉地用来提高学习成效的谋略，是一种在学习活动中思考问题的操作过程，因为学习策略对学习过程的影响极为重要。

4. 学习风格

学习风格是指学习者身上一贯表现的带有个性特征的学习方式和学习倾向，学习风格（特别是其中的认知风格）对学习有深入影响。

5. 学习动机

学习动机主要指学生学习活动的推动力，又称学习动力。动机对人的行为、活动有极为重要的意义，它决定个体活动的自觉性、积极性、倾向性和选择性。动机水平的高低和强弱决定着个体活动的质量、水平和效果。因此，学习过程中，激发学生学习动机是一个十分重要的环节。

6. 外部环境

外部环境对学习过程的影响也不容忽视，物质环境（设备设施等）和非物质环境（校风、学习气氛、文化氛围等）对学生的学习及身心发展有着潜移默化的作用。

第二节　教学过程

一、教学过程的含义

教学过程是教师有目的、有组织、有计划地向学生传授知识，引导学生发展能力，增强体质，形成一定的思想品德的过程；也是学生积极主动地接受教师的教育，迅速而有效地掌握人类社会长期积累的知识，提高智力水平的认识过程。因此，教学过程是教师和学生共同进行的双边互动活动的过程。在教学过程中，教师处于主导地位，应当发挥主导作用；而学生是学习的主体，应当充分发挥学习的主动性和积极性。教学过程中，教师和学生的共同活动的中介是教学内容和教学手段。因此，教师、学生、教学内容和教学媒体构成了教学过程不可缺少的基本因素。

二、教学过程的基本阶段

辩证唯物主义的认识论全面总结了人类认识的发展历史，揭示了认识过程的普遍规律。认为人类社会实践是认识的源泉和目的，人类认识是主体对客观世界能动的反映，是由感性认识能动地向理性认识逐步上升和转化的过程；认识反过来又能动地指导和推动实践发展，实践和认识是相互作用、循环上升的过程。这一规律的阐述，为教学过程提供了科学的方法论基础。学生的学习过程是人类认识过程的一种特殊形式。学习是以掌握人类已知的文化科学和技术基础知识为主，经教师的传授和引导，以求在较短时间内掌握先进理论和技术。教学过程乃是一种有目的有计划的特殊认识过程，它遵循的是感性认识和理性认识统一、认识和实践统一的规律。教学过程一般经过以下四个阶段：

1. 引导学生获得感性知识

包括通过观察、实际操作以及实验等活动丰富学生的表象，并要求这些表象有明确的目的性和典型性，以便迅速有效地理性认识事物，同时发展学生的观察能力、想象能力。

2. 引导学生理解知识

即引导学生由感性认识向理性认识转化，达到理解知识的目的。所谓理解，就是揭示事物之间的内在联系，把新概念在头脑中纳入已知概念的系统，由已知概念向新概念转化，即形成新概念。随着现代科学技术的发展，科学概念或规律性知识在教学过程中越来越具有重要作用。引导学生学会独立地利用已知概念探索新知识，是发展创造性思维和独立学习能力的中心环节，是不断形成和发展认识结构的基本条件。

3. 引导和组织学生进行实践作业

教学过程的实践形式和一般社会实践形式相比，既有共同性，又有特殊性。口头作业、书面作业、实验、实习、实际操作以及美术、音乐和体育活动等，是教学过程中的特殊实践形式，其目的在于验证知识或运用知识形成各种基本技能和技巧，培养独立学习能力并促进学生全面发展。教学还包括组织学生参加一定的社会生产劳动或必要的社会政治文化活动，以便扩展知识、技能和技巧的运用；但这些社会实践形式必须服从教育和教学目的，并且不能作为教学过程的中心。学生的技能、技巧的形成，一般是由掌握知识开始，逐步转向半独立作业，并通过合理的练习，达到较完全的独立作业。

4. 检查和巩固知识

无论在形成感性认识或形成新概念，以及从事实际作业阶段，都包括合理的检查和巩固工作，而检查和巩固又可构成教学过程相对独立的特殊环节，系统的检查和巩固工作是教学过程继续前进的基本条件之一。检查和巩固是教和学双方的活动，其最终目的是要教学生学会自我检查和纠正学习中的错误，并善于充分利用意义识记和逻辑记忆来巩固知识、技能和技巧。教学过程的四个阶段是相互渗透、相互促进的环节，并具有相对的独立性。并不是每一堂课的教学都必须经过这些步骤，不能作为呆板的公式看待。教学过程既可以由具体到抽象，又可以由抽象到具体；既可以由认识到实践，又可以由实践到认识。

三、教学组织形式

教学组织形式指教学活动中师生相互作用的结构形式，或者是师生的共同活动在人员、程序、时空关系上的组合形式。它决定于教学任务和教学内容，并为完成特定的教学任务和教学内容服务。教学组织形式的制约条件有四个：一是生产和社会生活的需要；二是教学内容的广度和深度；三是课程的结构及其复杂程度；四是随着科学技术发展而出现的教学手段和设备提供的可能性。常见的教学组织形式有集体授课、小组协作学习和个别化教学。

1. 集体授课

集体授课教学是通过讲授、板书、演示或其他媒体向一定规模的学生群体传递教学信息的教学形式。既可在教室中，也可在其他场合进行；可以是教师对学生的面授，也可以通过广播、电视、电影等媒体间接传授，或者将面授与媒体相结合。均由教师在一定时间间隔内单向传递教学信息，学生处于接受学习的状态。学生群人数较少时，可有一定程度的双向交流。这种教学形式由于能同时面对大量学生，并在规定时间内呈现较多信息，成本低，效率高，又为师生熟悉和容易接受，至今仍为许多国家普遍运用。班级授课的具体形式可大致分为三种：第一种是全班上课；第二种是班内小组教学；第三种是班内个别指导。除这三种具体形式外，我国普遍采用的还有班级授课的两种变式：一是复式教学；二是现场教学。复式教学是教师在同一教室里，用不同的教材分别对两个或两个以上年级的学生进行教学。教师给一个年级的学生讲课，同时组织其他年级的学生自学或做作业，使各项活动有计划地交替进行。现场教学保持了班级授课的基本特点，但教学地点不在教室而在事物发生的现场；教学人员不仅仅是任课教师，而是现场有关人员或二者协同进行;上课时限不是校内的四五十分钟而是可长可短。

2. 小组协作学习

小组协作学习是根据学生的学习能力或水平差异进行分层教学,可以适应不同层次学生的要求,有利于因材施教,同时也增加了学生与教师的交流机会。这种教学组织形式兼容了班级授课和个别化教学的优点。小组协作学习中,教师的作用可以得到较好的发挥,学生通过自学、讨论和独立自学,使其主体地位得以充分体现,既发展了学生的思维能力、自学能力,又有助于学生合作精神的培养,是中高年级和大学教育值得推广的教学组织形式。

3. 个别化教学

当同一教材、教法不能针对班级教学中学生的个体差异时,为顾及个别学生能力、兴趣、需要及可能遭遇的困难,教师须在教学过程中特别设计不同的教学计划。"个别化教学"与"个别教学"不同,个别教学仅是一种"一对一"的教学实施型态,它可能是个别化教学,也可能不是个别化教学,关键在于其是否为符合学生能力需要而特别设计的教学方案。古代中国、埃及和希腊的教育中,多采用个别教学的形式,由一个教师面向一两个学生进行教学。现在很多个别化教学通过一些集成的个别化教学系统进行,个别化学习系统具有以下特点:

◆提供与传统教学不同的学习环境和学习方法;

◆学生能得到及时反馈;

◆能根据学习者的喜好,培养其相应的能力;

◆能提供运用所学技能、技巧的"实践"活动;

◆小步调、有序的学习方式;

◆灵活的学习时间安排;

◆学习者可自定学习步调和学习进度。

需要注意的是,没有一种万能的教学组织形式,前面三种主要教学组织形式各有其特点,在实际教学中,需要根据教学目标、教学内容的要求,结合学习者特征选择合适有效的教学组织形式。

四、教学规律

教学规律是存在于教学过程中的不以主观意志为转移的本质联系,具有客观性、普遍性、稳定性、必然性的特点。教学规律是制订教学原则、选择和运用教学组织形式和教学方法的科学依据。主要包括以下四条规律:

1. 简约律

教学必须以间接知识为主,使间接知识和直接知识有机结合起来,让学生快捷地获得比较完整的知识。使学生避免重复前人的错误和曲折，最有效地掌握知识，在新的起点上继续人类认识世界、改造世界的活动，攀登新的科学高峰。

2. 育人律

在教学过程中，存在着对学生思想方面的教育和影响，也就是说，在教师传授知识和学生掌握知识的同时，总是对学生的思想感情、立场观点、意志性格、道德品质等方面施加一定的影响，使学生受到一定的思想品德教育。同时，在教学过程中，教师的思想品质、言谈举止，也对学生发生薰陶和潜移默化的影响，而且这种影响是无法估量的。

3. 发展律

在教学过程中，教师和学生共同活动，使学生在智力、体力、审美能力、劳动能力以及情感、意志、心理品质等方面得到发展。学生掌握知识与发展智力、培养能力是辩证统一的，单纯抓知识的传授或只重能力培养都是片面的。智力是在掌握知识的过程中形成、发展和表现出来的，智力又是掌握知识的不可缺少的条件。无必备的知识，智力、能力就成为无源之水。但是，知识多，并不意味着能力强，将其转化为能力需要实践的锻炼。

4. 双主律

在教和学的统一活动中，教师在教学过程中起主导作用，引导学生去认识和发展，学生是学习的主体。教师的主导作用和学生的主体地位是辩证统一的。主导是对主体的导，而主体却是主导下的主体。一方面，在教学中教师指引学生学习的方向，调动学生的积极性，选择适当的教学方法，做好教学活动的组织安排；另一方面，学生是具有主观能动性的人，教师的主导过程不是直接实现的，必须要变“要我学”为“我要学”。因此，学生的积极性、主动性和创造性是教育教学成功的一个必要条件。可见，强调学生的主体地位，并不排斥教师的主导地位。只有承认两者的辩证关系，才能有效地提高教学质量。

五、教学策略与教学方法

教学策略是指在不同的教学条件下，为达到不同的教学结果所采用的方式、方法、媒体的总和。如以教为主的教学常用策略有先行组织者策略、掌握学习策略、情境—陶冶策略、示范—模仿策略等；再如建构主义中的自主学习策略包括：支架式教学策略、抛锚式教学策略、随机进入教学策略、启发式教学策略、自我反馈式教学策略、基于 Internet 的探索学习策略；还有协作式教学策略包括：课堂讨论、角色扮演、竞争、协同和伙伴等。

教学策略在教学过程中起着很重要的作用。在课堂教学情况下，教学策略体现于教案和教师在课堂上的发挥。在设计计算机教学系统时，则要把这些总体的考虑体现在教学内容的组织、教学任务的安排和教学的交互活动设计中，并且在教学软件中实现。

教学方法是指为了完成一定的教学目的和任务，师生在共同活动中所采用的方式、手段。既包括教的方法，也包括学的方法，是教法与学法的统一。常用的教学方法有以下几种：讲授法、演示法、讨论法、训练法、实践法、协作学习法、示范模仿法、强化法、实验法、练习法等。

教学策略与教学方法有什么差异呢？教学策略是比较宏观的，而教学方法是较为微观的。比如选择一门课的教学内容和组织安排知识内容体系，这就属于宏观的教学策略。根据这一教学策略我们可以选择较为细致、具体的教学方法。教学策略和教学方法都与教学内容、教学目的关系密切相关。了解和掌握适用于不同学科、不同学习者的教学策略和教学方法对提高教学效果是很有帮助的。

六、教学结构

1. 教学结构

何克抗教授指出，教学结构是指在一定教育思想、教学理论、学习理论指导下的，在某种环境中展开的，由教师、学生、教学内容和教学媒体四个要素的相互联系、相互作用而形成的教学活动的进程的稳定结构形式。

现代教学系统是由教师、学生、教学内容和教学媒体四个要素构成的，既然是一个教学系统，从系统论的观点考虑，几个要素就不是简单地、孤立地拼凑在一起，而是彼此相互联系、相互作用而形成的有机整体。教学结构正是这四个要素相互联系、相互作用而形成的教学活动进程的稳定结构形式，是四个要素相互联系、相互作用的具体体现。

2. “以教师为中心”的教学结构

从我国的学校教育来看，20 世纪 90 年代以前的教学结构基本上都是“以教师为中心”。从 17 世纪 30 年代捷克教育学家夸美纽斯发表《大教学论》，提出班级授课制度，开创“以教师为中心”的教学结构以来，经过历代众多教育学家、教育心理学家的努力，使这一领域的实践探索不断深入，教学理论研究成果也层出不穷。其中比较突出的有：19 世纪德国赫尔巴特的“五段教学”理论（预备、提示、联系、统合、应用）；20 世纪前苏联凯洛夫的五段教学论（激发学习动机、复习旧课、讲授新课、运用巩固、检查效果）；赞可夫的“发展观”（教学不仅应当为掌握知识和技能服务，而且应当促进儿童的一般发展，即儿童心理各个方面的发展）；巴班斯基的“最优化”理论（要从实际情况的具体条件出发，选定最佳教学方案，按照实施中的反馈信息及时调整教学活动进程，以期达到最大效益，并使每个学生都能得到最合理的教育和发展);美国布鲁纳的"学科结构论"(不应强调增加教材的量,而应按照学科内容自身的体系结构即围绕学科的基本概念、基本原理和基本方法来进行教学,才能有效地促进儿童的智力发展);布鲁姆的"掌握学习"理论(只要能正确运用"掌握学习"的教学策略,绝大多数学生都能很好地达到教学目标的要求);加涅的"联结-认知"学习理论和"九段教学法";20 世纪后期奥苏贝尔的"学与教"理论等。

(1)"以教师为中心"的教学结构的特点。

◆ 教师是知识的传授者,是主动的施教者,是教学的绝对主导者,监控整个教学活动的进程;

◆ 学生是知识传授的对象,是外部刺激的被动接受者;

◆ 教学媒体是辅助教师教的演示工具;

◆ 教学内容基本由教材决定,教材是学生的唯一学习内容,是学生知识的主要来源。

(2)教学系统各要素之间关系。

◆ 教师是教学过程中的灌输者,向学生传递大量的知识和信息,从教师到学生是强交互;从学生到教师是弱交互,学生主要处于被动接受的状态,是被灌输的对象,偶尔对教师的讲授提出附应或疑问。

◆ 教材是教师教学的基础,所有教学内容的安排和教学过程的展开都基于教材,教师主要依赖教材确定教学内容,从教材到教师是强交互;而教师很少对教材进行修改或变动,二者之间的交互是单向的。

◆ 教学媒体是辅助教师教的演示工具,教师的教学主要依赖于传统的教学媒体(粉笔、黑板、幻灯、投影等),从教学媒体到教师是强交互;教师对教学媒体的选择性和改造性都比较差,二者之间的交互是单向的。

◆ 教材是学生学习的主要内容,但教材中的内容主要通过教师讲授的形式传递,学生课后会通过教材来复习,将学习的内容系统化,从教材到学生是弱交互;学生对教材内容的怀疑很小,更谈不上对其进行修改,因此二者之间的交互是单向的。

◆ 教学媒体是辅助教师讲授的工具,学生通过教学媒体获得教师传递的信息和观点,但教学媒体向学生传递的信息有限,主要依赖于教师的讲解,从教学媒体到学习者存在弱交互;学生几乎无法对教学媒体实现操作或控制,二者之间的交互是单向的。

◆ 教材是教学媒体选择的基础和前提,教学内容决定了教学媒体的类型及表现形式,二者之间存在单向强交互。

"以教师为中心"教学结构的优点是有利于教师主导作用的发挥,便于教师组织、监控整个教学活动进程,有利于系统科学知识的传授。其严重弊病是:完全由教师主宰课堂,忽视学生的学习主体作用,不利于具有创新思维和创新能力的学生成长。

3."以学生为中心"的教学结构

以学生为中心的教学结构是进入20世纪90年代以后，随着多媒体技术和网络技术的日益普及才逐渐发展起来的，其理论基础主要是建构主义学习理论。在"以学生为中心"的教学结构中，"教学媒体"除了包含传统的投影、幻灯等传统教学媒体外，还包括多媒体计算机、网络等多种现代电子媒体。"教学内容"这个要素也要加以扩充，不再仅仅局限于传统的教材，而包括与当前学习主题相关的音视频、动画、CAI课件以及可以从因特网上获取的各种信息资源。

(1)"以学生为中心"教学结构的特点。

◆ 学生是信息加工的主体，是知识意义的主动建构者；

◆ 教师是课堂教学的组织者、指导者，是学生建构意义的帮助者、促进者；

◆ 教学媒体是促进学生自主学习的认知工具；

◆ 教材不是学生的主要学习内容，学生主要从其他途径(例如图书馆、资料室及网络)依靠自主学习获取大量知识。

(2)教学系统各要素之间关系。

◆ 教师和学生之间是双向的弱交互。教师是学生学习的帮助者、促进者，只在必要时候为学生提供指导和反馈；学生是信息加工的主体，在很大程度上脱离了教师的"管教"，只在自己认为需要时才向教师申请帮助、提出问题，而这种申请和提问可能是非常不及时、不充分的。

◆ 学生从教材和各种学习资源得到巨大的支持，获得大量的知识信息；同时学生可以对教材和各种学习资源进行挑选、重组、再加工，自由选择感兴趣的内容，二者之间是双向强交互。

◆ 学生依赖教学媒体获得信息，教学媒体为学生学习创设了适合的学习环境，在学习环境中蕴涵着学生所需掌握的大量知识内容，或不同类型的操作、练习等；同时，学生可根据自己的兴趣选择适合的学习环境，可以按照自己的要求调节内容呈现的形式和进度，二者是双向强交互。

◆ 教师要完成大量教材、教学内容、教学资源的收集和整理工作，要为学生的学习提供内容，要设计内容的呈现方式，从教师到教材是强交互；教材和教学内容是教师设计教学过程要考虑的因素之一(最重要的考虑因素是学生的能力和需求)，但不是约束教师的条件，从教材到教师是弱交互。

◆ 教师要为学生的学习选择教学媒体，创设恰当的学习环境，设计教学媒体的呈现形式及呈现内容，因此从教师到教学媒体是强交互；教学媒体很少对教师产生影响和约束，因此二者之间的交互是单向的。

◆ 教学媒体的选择、学习环境的设计要依赖于教材和教学资源；教材和教学资源通过教学媒体和学习环境呈现出来，因此二者是双向强交互。

“以学生为中心”的教学结构注意在学习过程中发挥学生的主动性、积极性，相应的教学设计主要围绕“自主学习策略”和“学习环境”两个方面进行。前者是整个教学设计的核心——通过各种学习策略激发学生去主动建构知识的意义；后者则是为学生主动建构创造必要的环境和条件。这种教学结构由于强调学生是学习过程的主体，是知识意义的主动建构者，因而有利于学生的主动探索、主动发现，有利于创造性人才的培养。但是，这种教学结构由于过分强调学生的“学”，往往忽视教师主导作用的发挥，忽视师生之间的情感交流和情感因素在学习过程中的重要作用；另外，由于忽视教师主导作用，当学生自主学习的自由度过大时，还容易偏离教学目标的要求，尤其不适合我国已经习惯了“以教师为中心”教学结构的广大教师和学生。

4. “学教并重”的教学结构

“以教师为中心”的教学结构的弊病，在于把教师的指导作用任意夸大并绝对化。但为了达到教学过程的最优化，使学生获得最佳的学习效果，教师的指导作用却是必不可少的。“以学生为中心”的教学结构则片面强调以学生为中心，完全让学生自由去探索，忽视教师的作用。学教并重的教学结构吸收了上述两种教学结构的优点，其核心在于既要发挥教师的指导作用，又要充分体现学生的主体作用。在按照这种教学结构所形成的教学活动进程中，学生是信息加工的主体和知识意义的主动建构者；教师是教学过程的组织者、指导者、意义建构的帮助者、促进者；教学内容所提供的知识不再是教师灌输的内容，也不是学生知识的唯一来源，而是学生主动建构意义的对象之一；媒体也不再是帮助教师传授知识的手段，而是用来创设情境、进行协作学习、讨论交流，即作为学生自主学习和协作式探索的认知工具。

(1)“学教并重”教学结构的特点。

◆ 教师要对学生及其学习过程中的教学内容及教学媒体进行总体的指导和把握；教师要根据学生的特点为其选择、设计特定的教学内容、教学媒体和交流方式；教师是教学过程的组织者，学生意义建构的促进者，学生良好情操的培育者。

◆ 学生拥有大量的经过教师选择、设计并控制的学习资源，是学习活动的主体，是信息加工与情感体验的主体，是知识意义的主动建构者。

◆ 教学媒体既可以是辅助教师教的演示工具，也可以是促进学生自主学习的认知工具。

◆ 教材不是唯一的教学内容，通过教师指导、自主学习与协作交流，学生可以从多种学习内容和多种教学资源获取多方面的知识。

(2)教学系统各要素之间的关系。

◆ 教师和学生之间存在双向的强交互。教师是学生学习的帮助者、促进者，是学生学习活动的组织者和实施者，时刻关注学习者的学习过程并为其提供指导和反馈；学生在教师的帮助下学习，不断与教师进行不同形式的交流，汇报自己的成果，获得教师的反馈，提出疑难问题等。

◆ 学生从教材和各种学习资源得到巨大的支持，获得大量的知识信息；同时学生可以对教材和各种学习资源进行重组、挑选，从不同侧面找到与主题相关的内容，二者是双向强交互。

◆ 学生依赖教学媒体和学习环境来获得信息，教学媒体为学生创设了适合的学习情境和与他人交流、协作的情境，将大量知识内容蕴于其中；同时，学生可以根据自己的兴趣选择不同的学习工具、调节媒体呈现的形式和内容，可在一定范围内调节学习的进度，二者是双向强交互。

◆ 教师要完成大量教材、教学内容、教学资源的收集、整理工作，要为学生的学习提供内容，从教师到教材是强交互；教材和教学内容是教师设计教学活动要考虑的重要因素之一，教师的教学活动依赖于相关的教学内容，从教材到教师也是强交互。

◆ 教师要为学生的学习选择教学媒体，对教学媒体的呈现形式及呈现内容进行设计和组织，对相关的学习情境进行设计，因此从教师到教学媒体是强交互；教学媒体为教师多种教学形式的开展提供强有力的支持，为教师的教学提供不同类型的工具，从教学媒体到教师也是强交互。

◆ 教学媒体和学习情境的选择与设计要依赖于教材和教学内容；教材和教学内容通过教学媒体和学习情境呈现出来，因此二者是双向强交互。

在"学教并重"的教学结构中，学生处于开放式的、互动的学习环境中，拥有大量的资源，有利于其主动性和积极性的发挥，有利于创新思维和实践能力的培养。教师通过对教学内容、教学媒体、学习活动等的设计使学生在学习过程中既有很大的自主权，又能保证其学习不会发生方向偏离，能在适当的时候得到教师或专家、伙伴的指导。

第三节　体育教学过程

一、体育教学特点

体育教学在我国西周时期贵族子弟学校实行的"六艺"教育中就已产生。所谓六艺就是礼、乐、射、御、书、数。其中射(箭)、御(驾驶战车)既是军事训练，也是体育活动；乐中的舞蹈也具有体育活动的属性。到了春秋战国时期，由于社会动荡不安，贵族子弟学校逐渐衰落，私人办学盛行。孔子就是私人办学的教育家，他主张以仁义礼乐治天下，其思想对后来儒家"重文轻武"教育思想影响很大。从西汉末年至清末 2 000 多年的学校教育中，体育被排斥在学校教育之外。到了 1903 年才正式开设了体操课，学校教育的内容、方法以及如何传授体育技能逐渐成为教育家专门研究的对象。体育教学作为专门的教育手段和途径，逐渐成为独立的、特殊的教育活动。体育教学既要遵循教育、教学的一般规律，也有其本身的特点。在学校教育中，体育教学是完成学校体育目的任务的基本途径。

体育教学过程中，学生主要从事各种身体练习，通过身体活动与思维活动的紧密结合来掌握体育知识、技术和技能，培养道德品质和增强体质。因此，体育教学既要遵循各门学科共同的认识规律，又要遵循体育教学的特殊规律。体育教学又是身体锻炼、运动训练和竞赛的基础，体育教学中所获得的体育知识、技术与技能，可广泛地运用于上述各个方面。因此，体育教学原理也是身体锻炼和运动训练过程所必须遵循的共同准则。区别于其他学科教学，体育教学具有以下特点：

◆以身体活动为主要特征。学生在反复身体练习中，通过身体活动和认知活动，掌握体育知识、技术和技能，增强体质，促进身心发展。

◆教学活动以室外进行为主。使学生受到日光、空气、水等外界环境的锻炼，让学生耐寒抗暑，锻炼意志，提高抵御疾病的能力。

◆体育教学是在动态中进行的，组织工作比较复杂。体育教学中，学生活动范围广，外界干扰多，还要根据学生水平进行分组教学。另外还要进行队伍调动，安排场地器材，进行保护帮助和个别辅导，因此要精心设计，严密课堂组织。

◆使用一定的器械，有一定的运动负荷。上课要使用一定的运动器械，还要掌握合理的运动负荷，如果使用器械不当，采取安全措施不利，或者运动量掌握不好，保护方法不妥，容易发生伤害事故。因此，要严格检查教具，并做合理布置，严格掌握运动量，保证学生安全。

◆学生的心理活动表现明显，易于进行生动具体的思想品德教育。学生在身体练习中，既有相互竞争和比赛，也要克服个人的心理恐惧，体验成功与失败，还要处理与集体的关系。学生的情绪、行为、个性等都会得到充分的表现，便于教师有的放矢地进行教育。

◆体育教师要给学生做动作示范。体育教学中，学生学习动作，多以教师正确的示范为先导，要求教师认真备课，体态端正，动作正确优美，以便于学生模仿学习。

二、体育微格教学

微格教学的英文为 Microteaching，在我国被译为"微型教学"、"微观教学"、"小型教学"等，目前国内用得较多的是"微格教学"。微格教学是一种利用现代化教学技术手段来培训师范生和在职教师教学技能的系统方法。微格教学创始人之一、美国教育学博士德瓦埃特·爱伦认为:"微格教学是一个缩小了的、可控制的教学环境,它使准备成为或已经是教师的人有可能集中掌握某一特定的教学技能和教学内容"。微格教学实际上是提供一个练习环境,使日常复杂的课堂教学得以精简,并能使练习者获得大量的反馈意见。

微格教学指以少数的学生为对象,在较短的时间内(5～20分钟),尝试小型的课堂教学,可以把这种教学过程摄制成录像,课后再进行分析。这是训练新教师、提高教学水平的一条重要途径。要求教师在微格教学中精简用词、不废话、说话严谨,另外教师的体态、表情等方面也是同等上课要求,这对提高教学水平非常有帮助。根据我国多年的微格教学实践及教学研究情况来看,将微格教学概念定义为:"微格教学是一个有控制的实践系统,它使师范生或在职教师有可能集中解决某一特定的教学行为,或在有控制的条件下进行学习。它是在教学理论、视听理论和技术基础上,系统培训教师教学技能的方法。

1. 微格教学环境

微格教学场地分为主控室和微格教室。主控室的主要设备包括计算机、主控机、摄像头、录像机、VCD、监视器、监控台等。主控室可以控制任意微格教室中的摄像机和镜头,可以监视和监听任意微格教室的图像和声音,并可随时受控暂停在某一个微格教室与之进行电视讲话,也可以对微格教室播放教学录像和电视节目。

微格教室中的设备主要包括分控机、摄像头及其他教学设备。在微格教室中可以呼叫主控室,经并与主控室对讲。微格教室中可以控制本室的摄像系统,录制本室的声音和图像,以便对讲课情况进行分析和评估。分控机可以遥控选择主控室内的录像机、VCD机等其他影像输出设备并能遥控自己选择的设备的播放、停止、暂停、快进、快退。

2. 微格教学实施

微格教学的实施包括学习相关知识、确定训练目标、观摩示范、分析与讨论、编写教案、角色扮演与微格实践、评价反馈、修改教案等步骤。

(1)学习相关知识。微格教学是在现代教育理论指导下对教师教学技能进行模拟训练的实践活动。在实施模拟教学之前应学习微格教学、教学目标、教学技能、教学设计等相关的内容。通过理论学习,形成一定的认知结构,以促进学习的迁移。

(2)确定训练目标。在进行微格教学之前,指导教师首先应该向受训者阐明本次教学技能训练的具体目标、要求,以及该教学技能的类型、作用、功能和典型事例运用的一般原则、使用方法及注意事项。

(3)观摩示范。为了增强受训者对所培训的技能的形象感,需提供生动、形象和规范的微格教学示范片或教师现场示范。在观摩微格教学片过程中,指导教师应根据实际情况给予必要的提示与指导。要注意培养受训者勤于观察、善于观察的能力,吸收、消化他人的教学经验的能力。

(4)分析与讨论。在观摩示范片或教师的现场示范后,组织受训者进行课堂讨论,分析示范教学的成功之处及存在的问题。通过大家相互交流、沟通,集思广益,酝酿在这一课题教学中应用教学技能的最佳方案,为下一步编写教案作准备。

(5)编写教案。当被训练的教学技能和教学目标确定之后,受训者就要根据教学目标、教学内容、教学对象、教学条件进行教学设计,选择合适的教学媒体,编写详细的教案。教案中首先说明该教学技能应用的构想,然后注明教师的教学行为、时间分配及可能出现的学生学习行为及对策。

(6)角色扮演与微格实践。角色扮演是微格教学中的重要环节,是受训者训练教学技能的具体教学实践过程。即受训者自己走上讲台扮演教师,因此被称作"角色扮演"。为营造出课堂气氛,由小组的其他成员充当学生。受训者在执教之前,要对本次课作一简短说明,以明确教学技能目标,阐明自己的教学设计意图。讲课时间视教学技能的要求而定,一般5～10分钟。整个教学过程将由摄录系统全部记录下来。

(7)评价反馈。评价反馈是微格教学中最重要的一步。在教学结束后,及时组织受训人员重放教学实况录像,由指导教师和受训者共同观看。先由试讲人进行自我分析,检查实践过程是否达到了自己所设定的目标,是否掌握了所培训的教学技能,指出有待改进的地方,也就是"自我反馈"。然后指导教师和小组成员对其教学过程进行集体评议,找出不足之处。

(8)修改教案。评价反馈结束后,受训者需修改、完善教案,再次实践。在单项教学技能训练告一阶段后,要有计划地开展综合教学技能训练,以实现各种教学技能的融会贯通。

3. 体育微格教学

为了提高体育教学能力和水平,体育师范生和体育教师也可以利用微格教学训练其教学技能,这个就叫体育微格教学。体育微格教学和普通微格教学有一定的差异,由于体育课大部分在室外进行,微格教室往往无法满足需要。在需要进行室外授课时,需要一台摄像机和一个三脚架。受训者在实施微格教学的同时,由小组另外一个成员作为摄像人员,将受训者整个教学过程拍摄下来,其他部分与普通微格教学基本相同。

(1)体育教学技能。体育教师使用微格教学法进行教学技能训练,就要对教学技能有一个总体的把握,程士均教授把体育教学常用教学技能及达标要求进行了规范(如表5-3所示),选择要训练的体育教学技能,同时也可以了解到各种技能的达标要求,为在微格教学的分析与评价过程中提供帮助。

表 5－3 体育教学常用教学技能及达标要求

体育教学技能	达标要求
1. 运用口令与哨子的技能	要求：一定要吐字清晰，声音宽厚、宏亮、果断、准确。目的：激发学生兴趣，引起学生注意，明确学习目的、建立与旧知识之间的联系
2. 示范技能	示范运作准确、规范、优美、节奏合理并要注意角度、方法
3. 提问技能	从学生现有的发展水平出发，提出一些影响他们认识能力的问题，不断激发、引导他们获得新的认识和产生新的思想。包括：回忆提问、理解提问、运用提问、分析提问、综合提问、评价提问等
4. 讲解技能	言简意赅的表达能力，通过讲解，使学生把握体育教学的实质和规律
5. 变化技能	通过合理的变换方法和内容，引起学生的兴趣，是把无意注意过渡到有意注意的有效方式，实现教学的合理性(包括分组变化和内容变化衔接)
6. 强化技能	要求教师在教学中不断促进和增强学生反应与保持学习力量。强化的技能包括：语言强化、动作强化、练习强化、变换方式进行强化等
7. 板书技能	板书要注意文字语言的示范性。要求字形规范、优美，不能有错别字，文字的排列组合布局合理要讲艺术性
8. 课堂组织技能	要求在教学过程中，教师要不断地组织学生注意管理纪律，引导学生，建立和谐的教学环境。课堂组织技能的类型有：管理性组织、指导性组织、诱导性组织等
9. 矫正技能	要求具有敏锐的观察、分析能力，教学中能及时发现学生在练习过程中出现的问题，从各个角度指出形成原因并提出解决办法
10. 体育教师的普通话技能	能够准确地表达体育和运动术语，满足体育教学的基本需要
11. 控制讲解和练习时间的技能	体育专业技术课教学，原则上练习时间要多于讲解时间，即便是在体育专业技术实践课，讲授时间与练习时间比也不应该超过 1∶4

(2)体育微格教学实施。体育微格教学基本过程包括:理论辅导、示范观摩、教学设计、角色扮演、反馈评价和修改教案(如图 5-2 所示)。这几个环节密切联系、相互影响,任何一个环节出现问题都可能影响实训效果。因此,应针对具体情况,确实做好每一个步骤。

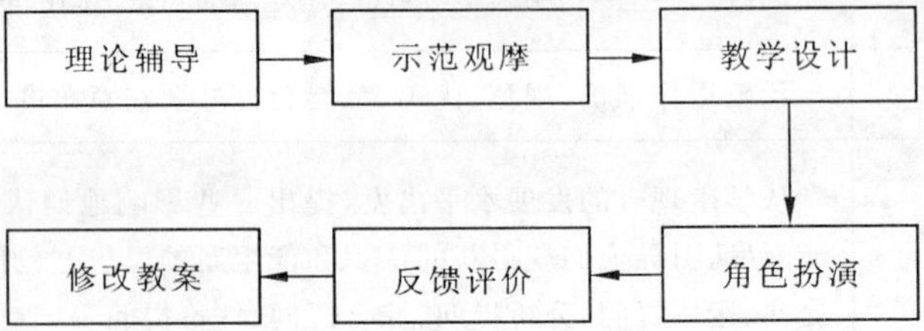

图 5-2 体育威格教学流程图

第四节 运动训练过程

一、运动训练过程概述

运动训练过程是指通过运动员系统接受训练活动,从而使运动员竞技能力与专项运动成绩不断得以提高所经过的一系列程序。从时间形式上来看,一个完整的运动训练过程是由启蒙基础训练、初级专项训练、专项提高训练和高级专项训练组成。从空间形式上看,运动训练过程是指不同训练时期及其各个阶段的训练时间、任务、训练目标、训练内容的设计、安排、实施以及变更等。

二、运动训练过程分期

运动训练过程的分期,是根据优秀运动员竞技能力提高的规律和不同时期训练目标和任务的需要,将运动训练过程合理地分为不同的训练时期,整个训练过程及其各个分期的关系如图 5-3 所示。任何一个训练时期都有一个至少 2~3 年的训练历程所组成的多年训练过程。对于进入专项提高训练时期以后的优秀运动员,教练员更加重视多年训练过程的划分。不同时期的多年训练计划过程实际上是由若干个年度训练过程组成;一个年度训练过程是由若干个训练周期组成;一个训练周期是由若干个训练阶段组成;每个训练阶段是由若干个训练小周期组成;每个训练小周期由若干个训练课组成。这样就组成了系统的训练过程。

三、训练周期及分类

1. 训练周期

训练周期是根据运动员竞技状态的形成和发展规律以及重大比赛日程,合理安排训练工作的一种形式。任何一个训练周期的过程都分为三个既“相对独立又相互衔接”的阶段:准备期、竞赛期和过渡期。准备期旨在保持竞技状态的初步形成;竞赛期旨在保持、巩固已获得的竞技状态,并促使其向最佳状态发展;过渡期旨在消除身心疲劳,并为下一训练周期的训练做准备。

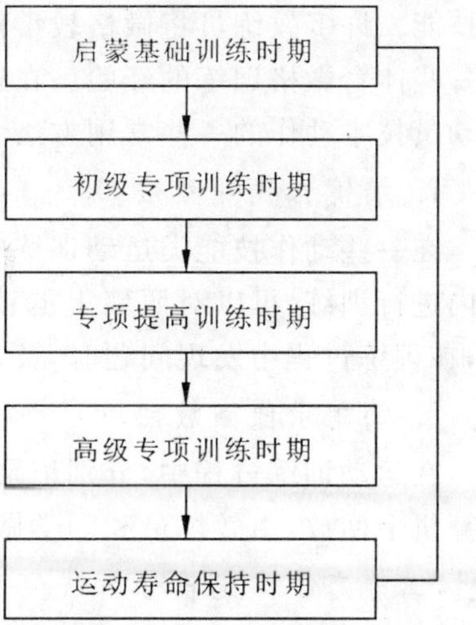

图 5-3 优秀运动员完整训练过程分期示意图

2. 训练周期分类

任何一个优秀运动员所经历的完整训练过程,就是多个不同类型训练周期的集合。一般认为训练周期可分为超大周期、大周期、中周期和小周期。

(1)超大周期。超大周期是一种根据运动员竞技状态的形成和发展规律以及奥运、全运重大超大周期比赛日程的准备时间,合理安排 4 年左右时间的训练工作的一种形式。其主要内容是由若干大周期的主要内容组成。超大周期同样有准备期、竞赛期和过渡期。

(2)大周期。大周期是指教练员根据超大周期的训练工作安排和各个年度训练任务以及重大比赛安排,科学安排全年训练工作的一种形式。大周期可分单训练周期、双训练周期、三训练周期。每一大周期包括准备期、竞赛期和过渡期。

(3)中周期。中周期是大周期的组成部分,亦称“训练阶段”。由 2~12 个小周期构成。根据中周期运动员的训练水平、阶段任务、阶段时间等因素,该阶段的时间约为半个月到 3 个月不等。提出中周期的主要依据是超量恢复原理以及运动适应规律。

(4)小周期。小周期是中周期的组成部分。时间通常为一个星期,即由 7 个训练日构成。小周期按训练任务的不同,可分为训练小周期、赛前小周期、比赛小周期、调整小周期四种类型。

四、体育微格训练

前面大致介绍了运动训练的宏观过程,运动训练微观过程大多涉及运动员动作与技能训练。微格教学不仅可以用来培训教学技能,也可以用来培训运动员运动技能。许多教练员将微格教学作为一种训练法进行尝试，在实践的基础上总结了一些体育微格训练的经验。在这里，我们主要介绍利用微格训练法来观察、分析运动员技术动作的一些常用方法。

1. 墙镜自我观察法

在一些动作技能类运动训练中，比如体育舞蹈、体操、武术套路等运动项目在室内进行训练，可以对照墙上的镜子观察自己的动作是否标准、是否符合审美要求，在训练过程中发现问题时，及时修正和调整，达到训练技能的目的。

2. 简单录像回放法

在运动训练过程中，分别记录每一位运动员的运动技术片段，在电视或多媒体计算机上回放，由教练员和同学做出分析和评价。

3. 静态图像比较分析法

用摄像机在运动现场拍摄的运动视频播放速度很快，用眼睛分析评价，画面很快就过去了，难以看清楚，不便进一步分析和研究。但是，可以把图像一帧帧的采集下来，做成连续的静态图像，这样便于分析运动技术中存在的问题。

4. 生物学分析法

为了提高分析人体动作的精确度和准确性，人们通常借助运动生物力学的方法采集图像，并利用图像分析软件进行比对，找出运动员技术动作存在的不足和问题，解决优秀运动员难以自我突破的难题。

讨论思考

1. 布鲁姆学习目标的分类体系和加涅学习结果分类体系有何异同？

2. 常见的教学组织形式有哪些，其适用范围是什么，有哪些优缺点？

3. 教学过程有哪些教学规律？

4. 常见教学结构有哪些，分别有什么特点？

5. 体育教学特点是什么？

6. 体育微格教学如何实施？

7. 如何利用微格训练辅助运动训练？

第六章　体育教学系统设计

【学习提示】

教学系统设计，也简称为“教学设计”，在国内俗称为备课。它是教育技术学的一个重要研究领域，是教师实施教学之前的一个重要步骤，也是教学资源与教学软件开发中必不可少的一个环节。

本章在介绍教学系统、教学设计含义、教学设计层次的基础上，阐述教学过程设计的一般模式、“以教为主的体育教学设计”、“以学为主的体育教学设计”、“学教并重的体育教学设计”。

【学习重点】

1. 教学设计含义
2. 教学设计层次
3. 三种常见的教学设计过程模式及应用

第一节　教学系统设计概述

一、教学系统

教学系统是教育系统的子系统，是指为了实现某种教学目的，由各教学要素有机结合而成的具有一定教学功能的整体。教师、学生、教学内容和教学媒体是教学系统最基本的构成要素。这些要素之间的相互作用、相互依赖及相互制约，构成了系统输入和输出之间复杂的运行过程，即所谓的教学过程。教学系统的功能就是通过教学过程运行的结果来体现的。图 6－1 为教学系统各要素示意图，箭头表示各个要素之间的关系。

二、教学设计含义

教学设计的发展综合了多种理论和技术的研究成果，参与教学系统设计研究与实践的人员由于其背景的不同，他们往往会从不同的视野来界定和理解教学设

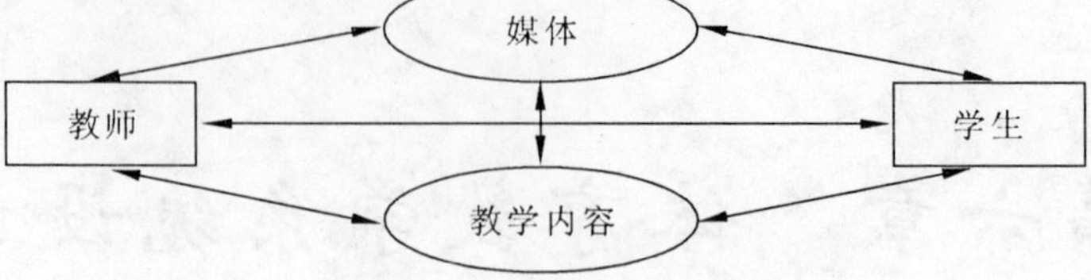

图 6-1　教学系统构成

计的概念，因此人们在教学设计的定义上尚未取得完全的统一，但是基本内容和思想是一致的。

教学设计（Instructional Design，ID），也称作教学系统设计（Instructional System Design，ISD），是以传播理论、学习理论和教学理论为基础，运用系统论的观点和方法，分析教学中的问题和需求，从而找出最佳解决方案的一种理论和方法。

教学设计主要是以促进学习者的学习为根本目的，运用系统方法，将学习理论与教学理论等的原理转换成对教学目标、教学内容、教学方法和教学策略、教学评价等环节进行具体计划、创设有效的教与学系统的"过程"或"程序"。教学系统设计是以解决教学问题、优化学习为目的的特殊设计活动，既具有设计学科的一般性质，又必须遵循教学的基本规律，因此它具有如下特点。

1. 教学设计的系统性

教学设计首先是把教育、教学本身作为整体系统来考虑，并运用系统方法来设计、开发、运行和管理，即把教学系统作为一个整体来进行设计、实施和评价，使之成为具有最优功能的系统。因此将系统方法作为教学设计的核心方法是教学设计发展过程中研究者与实践者所取得的共识。教学设计过程的系统性决定了教学设计要从教学系统的整体功能出发，综合考虑教师、学生、教材、媒体等各个要素在教学中的地位和作用以及相互之间的联系，利用系统分析技术（学习需要分析、学习内容分析、学习者分析）形成选择策略的基础；通过解决问题的策略优化技术（教学策略的选择、教学媒体的选择）以及评价调控技术（形成性评价、总结性评价、修改与完善），使解决与人有关的复杂教学问题的最优方案逐步形成，并在实施中取得最好的效果。

2. 教学设计的理论性与创造性

教学设计作为设计科学的子范畴，它既有一般设计活动的基本特征，同时由于教学情境的复杂性和教学对象丰富的个体差异性，教学设计具有自己的独特性。第一，设计活动是一种理论的应用活动，这就决定了教学设计必须在一定理论的指导下进行，是对学习理论、教学理论等理论的综合运用；第二，高度抽象的理论和具有丰富情境、不断发展变化的实践之间又存在一定的距离，其之间的矛盾总是存在的，理论不可能预见所有的问题，现实生活中的问题有时候会需要创新性地运用理论，甚至对理论进行扩充、重构。因此，教学设计是理论性和创造性的结合，在实践中我们既要依据教学设计理论来进行教学设计，又不能把理论看作教条，而应该在实践中发展理论，创造性地运用、发展教学设计理论。

3. 教学设计过程的计划性与灵活性

教学设计过程具有一定的模式，这些模式往往用流程图的线性程序来表现，需要按照既定的环节流程来进行教学设计。但是，按照系统论的观点，这些要素之间的关系是非线性的，是相互影响、相互补充的。在实践中要综合考虑各个环节，有时甚至要根据需要调整分析与设计的环节，要在参考模式的基础上创造性地运用模式。

4. 教学设计的具体性

教学设计是针对解决教学中的具体问题而发展起来的理论与方法，即是要解决实际教学中所存在的现实问题，以形成一个优化学习的教学系统。因此，教学设计过程是具体的，每一个环节中的工作也是十分具体的。由此可见，教学设计项目的成功与否有赖于各方面人员的协同工作，如教学设计人员、学科专家、媒体设计人员等。

三、教学系统设计层次

按照系统论的观点，教学系统也是由许多子系统构成的。根据各个子系统的大小和任务及教学中问题范围的不同，教学设计也相应地具有不同的层次，通常认为教学设计一般可归纳为三个层次。

1. 以“产品”为中心的层次

教学设计的最初发展是以“产品”为中心的。它把教学中需要使用的媒体、材料、资源等当做产品来进行设计。教学产品的类型、内容和教学功能常常由教学系统设计人员和教师、学科专家共同确定。以“产品”为中心这一层次的教学系统设计具有以下几个前提特征：①已经确定完成的教学目标需要教学产品；②某些产品需要开发，而不是对现有资源进行选择或修改；③开发的教学产品可以被大面积的使用，产品对拥有相似特征的学习者产生“复制”的效果。

2. 以“课堂”为中心的层次

这个层次的设计范围是课堂教学，它是根据教学大纲的要求，针对一个班级的学生，在固定教学设施和教学资源的条件下进行教学设计的工作，其重点是充分利用已有的设施和选择，或编辑现有的教学材料来完成目标，而不是开发新的教学产品。

3. 以“系统”为中心的层次

以“系统”为中心的层次的教学设计属于宏观设计层次，它所涉及的教学系统比较大，如一所学校、一个新的专业、一个培训系统或一个学习系统的建立等等。这一层次的设计通常包括系统目标的确定，实现目标方案的建立、试行和评价、修改等，涉及内容面广，设计难度较大，而且设计一旦完成就要大范围地去使用和推广。因此需要由教学设计人员、学科专家、教师、行政管理人员共同来完成。它以“问题—解决”的思想为指向，重视前期分析，重视设计的形成性评价及修正。

以上三个层次是教学系统设计发展过程中逐渐形成的。当然，也可以把教学系统设计分为宏观和微观两个层次，规模大的项目如课程开发、培训方案的制定等都属于宏观层次的教学系统设计；而对一门具体课程、一个单元、一堂课甚至一个媒体材料的设计都属于微观层次的教学系统设计。产品、课堂、系统三个层次都有相应的教学设计模式，在具体设计实践中，可以按照所面临教学问题的层次选用相应的设计模式。

第二节 “以教为主”的体育教学设计

模式是再现现实的一种理论化的简约形式。教学系统设计过程模式是一套程序化的步骤，它指明应以什么样的程序、步骤去进行教学设计，是关于教学设计过程的一套可操作方法。一个教学系统设计过程模式具有许多阶段，教学系统设计过程模式包括四个基本要素：学习者、目标、策略、评价。教学设计过程模式有三个要点：第一，教学系统设计过程的模式是对教学系统设计实践的再现；第二，它是理论性的，代表着教学系统设计的理论内容；第三，它是简约的形式，是教学系统设计理论的简约体现。分析国内外在教学设计领域的研究，教学设计理论及模式众多，但从其理论基础和实施方法看，不外乎三大类：“以教为主”的教学系统设计模式、“以学为主”的教学系统设计模式、“主体-主导”教学系统设计模式（也称“双主”教学系统设计模式或“学教并重”教学系统设计模式）。

“以教为主”的教学系统设计，也称传统教学系统设计，主要基于行为主义学习理论和认知学习主义学习理论发展起来的，设计的焦点在“教学”上，强调教师的主导作用，突出循序渐进、按部就班、精细严谨地应用系统方法对教学进行设计。

一、“史密斯-雷根”模式

“以教为主”的教学系统设计过程模式最具代表性的是“史密斯-雷根”模式（如图 6-2 所示），该模式是在第一代教学设计中具有相当影响的“狄克-柯瑞”模式的

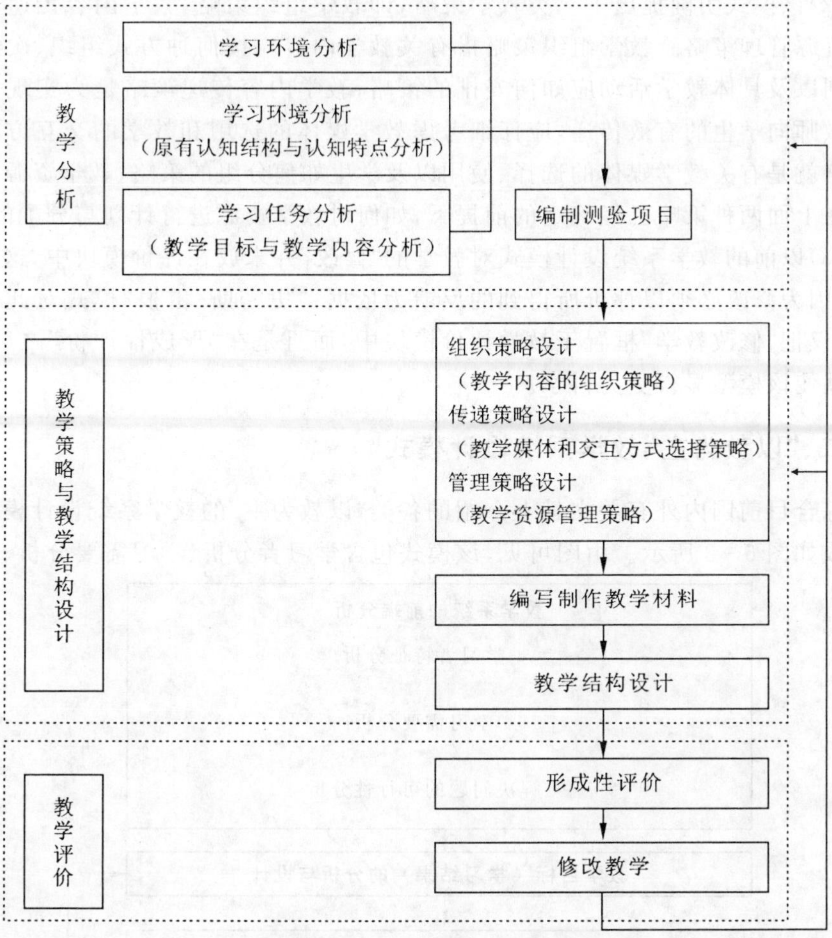

图 6－2　“史密斯-雷根”模式

基础上，吸取了加涅在“学习者特征分析”环节中注意对学习者内部心理过程进行认知分析的优点，并进一步考虑认知学习理论对教学内容组织的重要影响而发展起来的。由于该模式较好地实现了行为主义与认知主义的结合，较充分地体现了“联结-认知”学习理论的基本思想，该模式在国际上有较大的影响，其特点有：

(1)把“学习者特征分析”和“学习任务分析”合并到“教学分析”模块，并对这一模块补充了“学习环境分析”，学习者特征分析除了考虑学习者的学习基础和知识水平外，还强调学习者的学习动机、认知策略和认知结构。同时，取消了以前教学系统设计中“行为描述”。这些改进不仅让“教学分析”内容更加充实，而且在结构上显得更加清晰、合理。

(2)该模式明确提出了三类教学策略，即教学组织策略、教学内容传递策略和教学资源管理策略。教学组织策略指有关教学内容应按何种方式组织、次序应如何排列以及具体教学活动应如何安排的策略；教学内容传递策略是为实现教学内容由教师向学生的有效传递，应仔细考虑教学媒体的选用和教学的交互方式。传递策略就是有关教学媒体的选择、使用以及学生如何分组的策略；教学资源管理策略是在上面两种策略已经确定的前提下，如何对教学资源进行计划与分配的策略。

(3)以前的教学系统设计模式对教学的"修改"并未放在评价模块中，这是不合理的，因为修改必须以评价所得到的反馈为依据；"史密斯-雷根"模式对此作了调整，不仅把"修改教学"框置于教学评价模块中，而且是在"形成性评价"之后，这一改进就使该模型显得更为科学。

二、"以教为主"教学系统设计模式

综合目前国内外有关文献上介绍的各类"以教为主"的教学系统设计模式的基本组成如图 6-3 所示。由图可见，该模式包含学习者分析、学习需要分析、教学目

图 6-3　"以教为主"的教学系统设计模式

标的分析与确立、教学内容的选择与组织、教学模式、教学方法和教学媒体的选择和运用及教学设计成果评价等诸多因素。尽管“以教为主”的教学系统设计思想和模式经常受到批评，但是，在我国以教为主的教学还大量存在，班级授课、教师讲授还是目前的主要教学形式，而且我国的教学系统设计人员（主要是教师）比较熟悉以教为主的教学系统设计理论和方法，并能在教学实践中较熟练地运用，这就对“以教为主”的教学系统设计提出了很强的客观需求。此外，“以教为主”的教学系统设计理论和方法经过几十年众多专家的深入研究发展，已形成一套比较完整、严密的理论体系，而且可操作性强。

1. 学习者特征分析

学习者分析属于教学系统设计中的前端分析。目的在于了解学习者的学习准备和风格，以便为后续设计提供依据。学习者特征分析涉及很多方面，但对教学设计产生重要影响的特征主要有智力因素和非智力因素两个方面。与智力因素有关的特征包括个体认知发展一般特征如知识水平、认知特点、认知结构变量；与非智力因素有关的特征包括兴趣、动机、情感、态度、焦虑水平、意志及其学习者文化宗教背景等，这里主要介绍智力因素的几个重要方面。

(1)认知发展特征分析。认知发展特征是指主体获得知识和解决问题的能力随着时间的推移而发生变化的过程和现象。围绕认知发展，讨论得最多的问题就是发展的机制和阶段性问题。在儿童的认知发展研究方面，瑞士心理学家皮亚杰的认知发展阶段理论在国内外享有广泛的影响。皮亚杰经过多年的观察研究，发现自出生到青少年的成长期间，个体的认知发展在连续中呈现出阶段型的特征。为此他将儿童认知发展划分为四个阶段：感知运动阶段、前运算阶段、具体运算阶段、形式运算阶段。后三个阶段与学校教育关系较密切，教师在认知发展特征分析时，可以参照皮亚杰的理论。

(2)学习者起点水平分析。任何一个学习者都是把他原来所学的知识、技能、态度带入新的学习过程中，因此教学系统设计者必须了解学习者原来具有的知识、技能、态度，我们称之为起点水平或起点能力。起点水平分析包括下述三方面：第一，对预备技能的分析：即了解学习者是否具备了新的学习所必须掌握的知识与技能。第二，对目标技能的分析，即了解学习者是否已经掌握或部分掌握了教学目标中要求学会的知识与技能。第三，对学习者对所学内容的态度的分析，如是否存在偏见或误解。在分析方法上，可以根据内容分析来预测初始能力，根据预测来确定目标技能，使用态度量表来确定学习态度。

(3)学习者认知结构及变量分析。按照奥苏贝尔的定义，认知结构是个体的观念的全部的或特定的内容和组织。所谓“个体的观念的全部内容和组织”，就是指学习者在长期的认识与改造客观世界的过程中，在其大脑内逐渐形成并按一定组织结构存储的全部知识与经验系统;所谓"个体关于特殊知识领域的观念的内容和组织",则是指学习者大脑中按照一定组织结构存储的、关于某个特点学科领域的知识与经验。原有的认知结构是影响新的有意义学习与保持的关键因素,即有意义学习的发生与习得意义的保持皆取决于认知结构的状况,随学习者的认知结构而变化。掌握学习者原有知识结构是设计过程和资源的前提,了解学习者新旧知识结构之间的关联,有利于教学设计者对内容进行安排,了解学习者的知识结构可以为教学设计者进行内容设计和表现提供一种参考和预设。认知结构间的三种关系为隶属、总括、并列;认知结构的三个变量是可利用性、可分辨性、稳固性。认知结构及变量分析主要就是分析其关系和变量。

2. 学习需要分析

学习需要是指学习者目前的学习状况与所期望达到的学习状况之间的差距,也就是学习者目前水平与期望学习者达到的水平之间的差距(如图 6-4 所示)。

差距(学习需要)=学习期望-现状

图 6-4　学习需要概念

学习需要分析是指通过系统化的调查研究过程,发现教学中存在的问题,通过分析问题产生的原因,确定问题的性质,论证解决问题的必要性和可行性。其核心是发现问题,而不是寻求解决问题的方法,具体包括三方面的工作;一是通过调查研究,分析教学中是否存在要解决的问题;二是分析存在问题的性质,以判断教学系统设计是不是解决这个问题的合适途径;三是分析现有的资源及约束条件,以论证解决该问题的可能性。

3. 教学目标分析与表述

教学目标是对学习者通过教学以后能达到何种状态的一种明确、具体的表述;教学目标应通过教学内容的深入分析来把握,而且便于观察与测量。教学目标分析与描述用的最多的是布鲁姆的教学目标分类体系和加涅的学习结果分类,这两个分类体系在本书第五章第一节进行了详细介绍,本章不再重复。

4. 选择与组织教学内容

有了明确的教学目的,掌握了学生的学习现状,接下来就要科学地选择和组织教学内容,利用适当的教学方法和教学手段不断缩小现状与目的之间的差别。教师在选择和组织教学内容时,一方面要参照教学标准和教科书的要求,另一方面要广泛翻阅相关的参考资料,为学生提供足够的思维训练材料。分析教学内容是对学生的起始能力转变为终点能力所需要的知识、技能以及相关知识进行详细分析的过程。内容主要包括:选择与组织单元、确定单元学习目标、确定任务类别和分析任务以及评价所选择内容等步骤。经过对教学内容的选择与评价,确定了教学内容基本框架以后,需要对各个单元的教学内容逐一深入分析,具体的分析方法有归类分析法、图解分析法、层次分析法、信息加工分析法等。

5. 教学策略的选择与设计

教学策略是指为完成特定的教学目标而在教学活动中采用的程序、方法和媒体等因素的总体考虑。教学策略的设计师最能体现教学设计创造性的环节,目前"以教为主"的教学策略主要有:"先行组织者原则"、"五段教学策略"、"九阶段教学策略"、"示范模仿教学策略"等。如何选择教学策略需要考虑教学内容、教学对象、教学环境等要素的影响。

6. 教学媒体的选择和运用

为了达到预期的教学目标,需要对教学媒体进行选择。如何才能选择恰当的、适宜的媒体呢?这需要我们考虑媒体选择的依据、原则和方法。媒体选择的依据在第四章第二节做了详细阐述,这里不做重复。教学媒体的选择要符合目标控制原则、内容符合原则、对象适应原则和代价最小原则。选择教学媒体的常用方法主要有:问题表、矩阵选择表、流程图、经验之塔模型和算法型。教学媒体选择的步骤如图 6-5 所示。

7. 教学设计成果评价

教学设计的结果是一套教学方案,这个方案设计水平如何,它能否给我们带来理想的教学效果,这个问题在设计过程结束时并不明确,因此教学设计成果的评价是十分必要的。判断设计成果水平高低的标准可分为两个方面:一是设计过程的每一个环节是否达到阶段性目标;二是使用该教学方案,学生能否高效的达到预定的学习目标。因此教学设计成果的评价相应地分成两个部分:教学方案的评价和学生行为的评定。对于教学方案的评价有两种形式,即形成性评价和总结性评价,它们分别在不同的时间,为不同的目的而进行。形成性评价通常是在某项教学设计的过程中进行的,目的是及时了解刚过去的一个阶段任务完成的情况、存在的问题。总结性评价是指在整个教学方案设计之后,收集、分析和总结资料,从而判断教学的效果、效率以及对学生影响程度的过程。教学设计的最终目的是为了获得最优的学习效果,即在最短的时间内获得最佳的学习效果,所以对教学设计的评价最终仍要落实到对学生行为的评定上面。总之,此处评定学生行为的目的在于:确定学生的能力水平,鉴别学生的学习差距,从而达到对教学设计成果进行修正的目的。

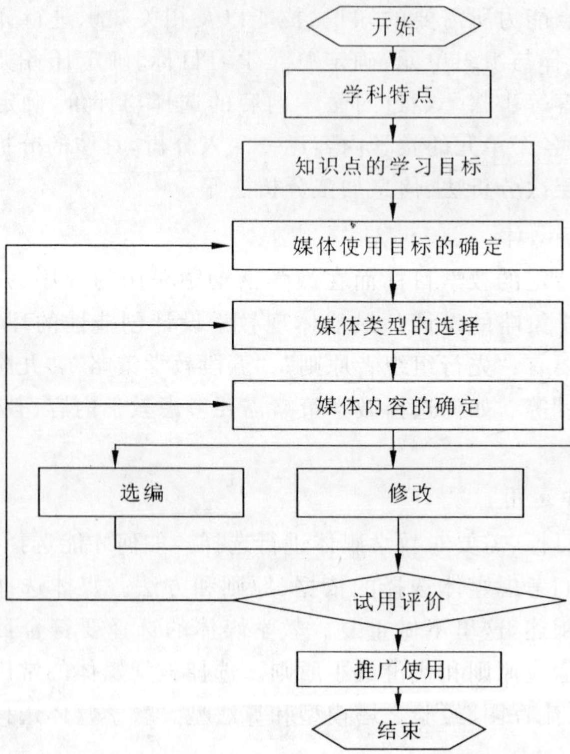

图 6-5　教学媒体选择步骤

"以教为主"的教学系统设计以行为主义和认知主义为理论基础；以教师为中心，强调知识传授，把学生当作知识传授的对象；从确定教学目标开始，以实现教学目标为目的；教学活动主要是在课堂上进行；学习内容主要是书本教材；评价主要是检验学生对知识的掌握程度，看是否达到教学目标要求。

"以教为主"的教学设计有其适应的学科、适应的对象以及适应的环境。一般来说，以教为主的教学模式比较适合下列情况下的教学：结构严谨的教学内容，如理、工、农、医的必修课程；大班制条件下的教学；时间紧、内容多的情形；以知识记忆为主要评价手段的教学；学生的主动性、自觉性、协作性不高，对教师依赖性较强的情形；学习资源不够丰富的情形。

在体育教学设计中，"以教为主"教学系统设计是比较常见的，其教学过程也基本相同，体育教学目标一般是运动技能和技巧的习得，所选择的教学策略比较多的是"示范—模仿"、"强化训练"，教师讲授的比例较少，学生练习的比例较多。体育教学过程中，教师尤其要注意调动学生的积极性，引导学生热爱体育运动，养成爱好运动的习惯。

第三节　“以学为主”的体育教学设计

建构主义强调在教学过程中要“以学生为中心”，学生不是信息与刺激的灌输对象和被动的接受者，而是信息加工和知识意义建构的主体，教师也不单纯是知识的传授者和施加者，而是学习的促进者、帮助者、引导者。因此，“以学为主”和“以教为主”的教学理论在师生角色定位上有较大差异，这就决定了他们对整个教学过程也有着不同的设计思路。

一、“以学为主”教学系统设计模式

“以学为主”的教学设计强调学生的主体作用，其主观能动性的发挥决定学习的最终结果，学习是一个主动探索与发现的过程。根据建构主义学习理论，“以学为主”的教学系统设计过程模式如图 6－6 所示。

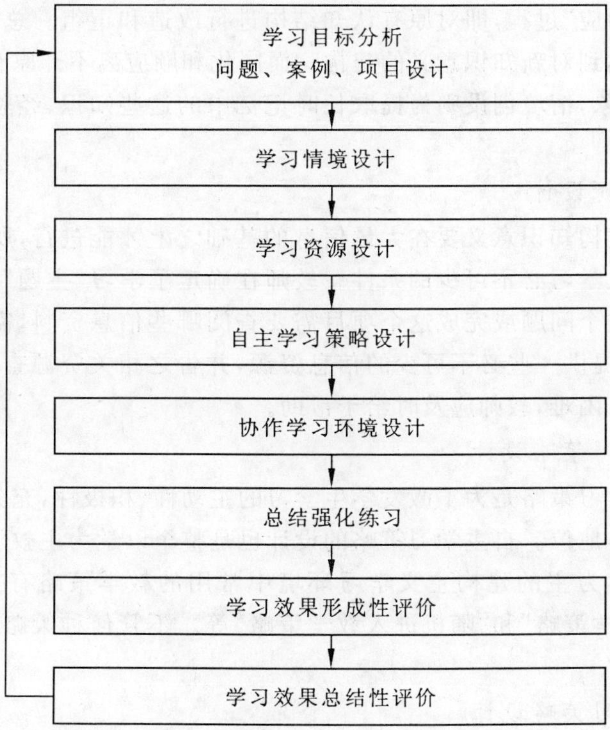

图 6－6　“以学为主”教学系统设计模式

1．学习目标分析

在以学为主的教学设计中，进行学习目标分析的目的是为了确定当前所学知识的“主题”。由于主题包含在教学目标所需要的教学内容之中，通过学习目标分析得出总目标与子目标的形成关系图，即意味着得到了为达到该学习目标所需的全部知识点，据此即可确定当前所学知识的主题。也就是将需建构意义的知识点从庞大的知识内容中提炼出来，以加强意义建构的目的性，使学生能有针对性地利用已有资料和情境建构相关的知识的意义，使学习有的放矢。在这个过程中，需要把学习目标转化为具体的“问题”、“案例”或“项目”，解决问题、学习案例或完成了项目就实现了学习目标。

2．学习情境设计

建构主义学习理论认为，学习总是与一定“情境”相联系的，在实际情境或通过多媒体创设的情境下进行学习，可以利用生动、直观的形象有效地激发联想，唤醒长时记忆中有关的知识、经验或表象，从而使学习者能利用自己原有认知结构中的有关知识与经验去同化当前学习到的新知识；如果原有知识与经验不能同化新知识，则要引起“顺应”过程，即对原有认知结构进行改造和重组。总之，通过“同化”和“顺应”才能达到对新知识意义的建构。而同化和顺应离不开原有认知结构中的知识、经验和表象，情境创设则为提取长时记忆中的这些知识、经验和表象创造了有利条件。

3．学习资源设计

学生主动建构知识意义要在大量信息的基础之上才能进行，所以丰富的学习资源是建构主义学习必不可少的条件。教师在确定了学习“主题”之后，必须详细考虑学生解决这个问题或完成这个项目需要查阅哪些信息资料，需要了解哪方面的知识，为学生提供一些必不可少的信息资源，并告之相关资源查阅途径和方法。如果学生确实有困难，教师应及时给予帮助。

4．自主学习策略设计

运用自主学习策略是为了激发学生学习的主动性、积极性，充分体现学生在学习过程中的主体地位。自主学习策略的设计也是整个以学为主教学设计的核心内容之一。在以学为主的建构主义学习环境中常用的教学策略有“支架式教学策略”、“抛锚式教学策略”和“随机进入教学策略”等。不管何种策略，都要保证以学习者为中心。

5．协作学习策略设计

协作学习的目的是为了在个人自主学习的基础上，通过小组讨论、协商和角色扮演等不同策略，以进一步完善和深化对主题的意义建构。整个协作学习过程均应由教师组织引导，讨论的问题可由教师提出，也可以由学生提出。

6. 总结强化练习

适当地进行教学总结可以有效帮助学生将零散的知识系统化。在总结之后，应为学生提供有针对性的强化训练材料。这类材料和练习应经过精心的挑选，材料既要反映基本概念、基本原理，又要能适应不同学生的要求，以便通过强化练习纠正原有的错误理解或片面认识，最终达到符合要求的意义建构。

7. 教学评价

评价不仅要依据客观教学目标，还应该包括完成学习任务的整体性评价、学习参与度评价，最好是通过让学生去完成实际任务来检验学生学习结果的好坏。内容包括小组评价、自我评价和教师评价。评价内容主要围绕三个方面：自主学习能力评价、协作学习过程中作出的贡献评价、是否达到意义建构的要求。教师应设计出使学生不感到任何压力，乐意去进行，又能客观地、确切地反映出每个学生学习效果的评价方法。

二、"以学为主"教学系统设计原则

根据建构主义学习理论和教学设计的实践经验，教育技术学领域学者提出了便于广大教师操作的一些"以学为主"的教学系统设计具体原则。

1. 强调以学生为中心

明确"以学生为中心"，这一点对于教学设计有着至关重要的指导意义。建构主义认为可以从三个方面体现以学生为中心：第一，要在学习过程中充分发挥学生的主动性，要能体现出学生的首创精神；第二，要让学生有多种机会在不同的情境下去应用他们所学的知识；第三，要让学生能根据自身行动的反馈信息来形成对客观事物的认识和解决实际问题的方案。发挥首创精神、将知识外化和实现自我反馈可以说是体现以学生为中心的三个要素。

2. 强调情境对意义建构的重要作用

在实际情景下进行学习，可以使学习者能利用自己原有认知结构中的有关经验去同化当前学习到的新知识；如果原有经验不能同化新知识，则要引起"顺应"过程，即对原有认知结构进行改造与重组。总之，情境可以帮助学习者对新知识意义的建构。

3. 强调"问题"、"项目"、"任务"的驱动作用

由教师精心设计的"问题"、"项目"和"任务"，不仅把学习主题（学习内容和学习目标）包含其中，更重要的是在解决问题、完成任务的过程中，激发学生的学习热情和兴趣，提高学生的实践能力。

4. 强调协作学习的重要作用

学习者与周围环境的交互作用对于学习内容的理解起着关键性的作用。通过协作学习环境，教师和学生的思维、智慧就可以被整个群体所共享，即整个学习群体共同完成对所学知识的意义构建。

5. 强调学习环境的设计

学习环境是学习者可以在其中进行自由探索和自主学习的场所。在此环境中学生可以利用各种工具和信息资源来达到自己的学习目标。在这一过程中学生不仅能得到教师的帮助与支持，而且学生之间也可以相互协作和支持。

6. 强调利用各种信息资源来支持学生的"学"

为了支持学习者的主动探索和完成意义构建，在学习过程中要为学习者提供各种信息资源。但这些媒体和资料并非用于辅助教师的讲解和演示，而是用于支持学生的自主学习和协作式探索。

7. 强调学习过程的最终目的是完成意义建构

由于学生是认知主体，是意义的主动建构者，所以是把学习者对知识的意义建构作为整个学习过程的最终目的。在这样的学习环境中，整个教学设计过程紧紧围绕"意义建构"这个中心而展开。

三、"以学为主"教学系统设计常见误区

随着建构主义思想在教育领域的盛行，当前以"学"为主的教学设计研究正日益引起人们的重视，但与此同时，也出现了一些不容忽视的误区，我们在教学设计中应注意避免。

1. 忽视教学目标分析

在当前以"学"为中心的教学设计中，往往存在一种偏向，即看不到教学目标分析这类字眼，"教学目标"被"意义建构"所取代，似乎在建构主义学习环境下完全没有必要进行教学目标分析。

2. 忽视教师指导作用

建构主义倡导的是教师指导下的以学生为中心的学习，虽然强调以学生为中心，但是不能忽视教师的指导作用。教师在"以学为主"教学设计中，起着引导、帮助学生沿着正确方向去自主探究的作用。

3. 忽视自主学习设计

不少教师认为基于建构主义的、以"学"为中心的教学设计主要是学习环境的设计，即如何设计出适合于学习者主动建构知识意义的学习环境，而学习者的"自主学习"本身反而被忽视了。

4. 忽视教学模式设计

由于建构主义强调要设计适合学生主动建构知识意义的学习环境，让学生去探索、去发现，这就使不少教师误认为意义建构只与学习过程有关，而与教学过程无关，因而教学模式的设计被认为与意义建构过程无关而完全被忽视。

在体育教学中，“以学为主”的教学设计用的相对较少。其主要原因有两个：第一，部分体育教师长期采用“以教为主”的模式，形成了教学定势；第二，专业体育类学生学习自觉性和主动性往往要差一些，“以学为主”的模式效果不一定好。但是，不少体育教师也在尝试改变传统的授课形式，引导学生自主学习，达到学习目标。

第四节　“学教并重”的体育教学设计

通过前面的学习我们不难发现，“以教为主”教学设计有利于教师主导作用的发挥，便于教师组织、监控整个教学活动，便于师生情感交流，有利于科学知识的系统传授。其弊端是课堂完全由教师控制，忽视学生在学习过程中的主体地位，学生的主动性、积极性往往受到一定的限制，不利于创造性人才的培养。“以学为主”教学设计有利于学生的自主学习和自我发现，即有利于创新人才的培养。但是它往往忽视了教师的主导作用，忽视了师生的情感交流及情感因素在学习过程中的重要作用；并且由于忽视了教师的导向作用，容易偏离教学目标。由此可见，两种教学设计模式各有优缺点，并且相互补充，如果能将二者结合起来，就可以优势互补。根据这个思想，教育技术领域专家提出了“学教并重”的教学设计模式，并且在实践中取得了良好的效果。

“学教并重”教学设计模式，也叫做“主体-主导”教学设计模式，简称为“双主”教学设计模式。其基本核心思想都是一样的，即将“以教为主”和“以学为主”二者有机结合起来，取得良好的教学效果。其教学设计过程模式如图 6-7 所示。

“学教并重”教学设计在建构主义指导下并基本保留“传递—接受”教学活动，让学生有机会更多地去主动思考、主动探索、主动发现，从而形成一种新的教学活动进程。在整个进程中教师有时处于中心地位，以便起主导作用，但并非自始至终；学生有时处于“传递—接受”学习状态，但更多的时候是在教师帮助下进行主动思考与探索；教学媒体有时作为辅助教学的工具，有时作为学生自主学习的认知工具。其主要特点是：

(1)可根据教学内容和学生的认知结构情况，灵活选择“发现式”或“传递—接受”教学方法。

(2)在“传递—接受”教学过程中大多采用“先行组织者”教学策略，同时也可使

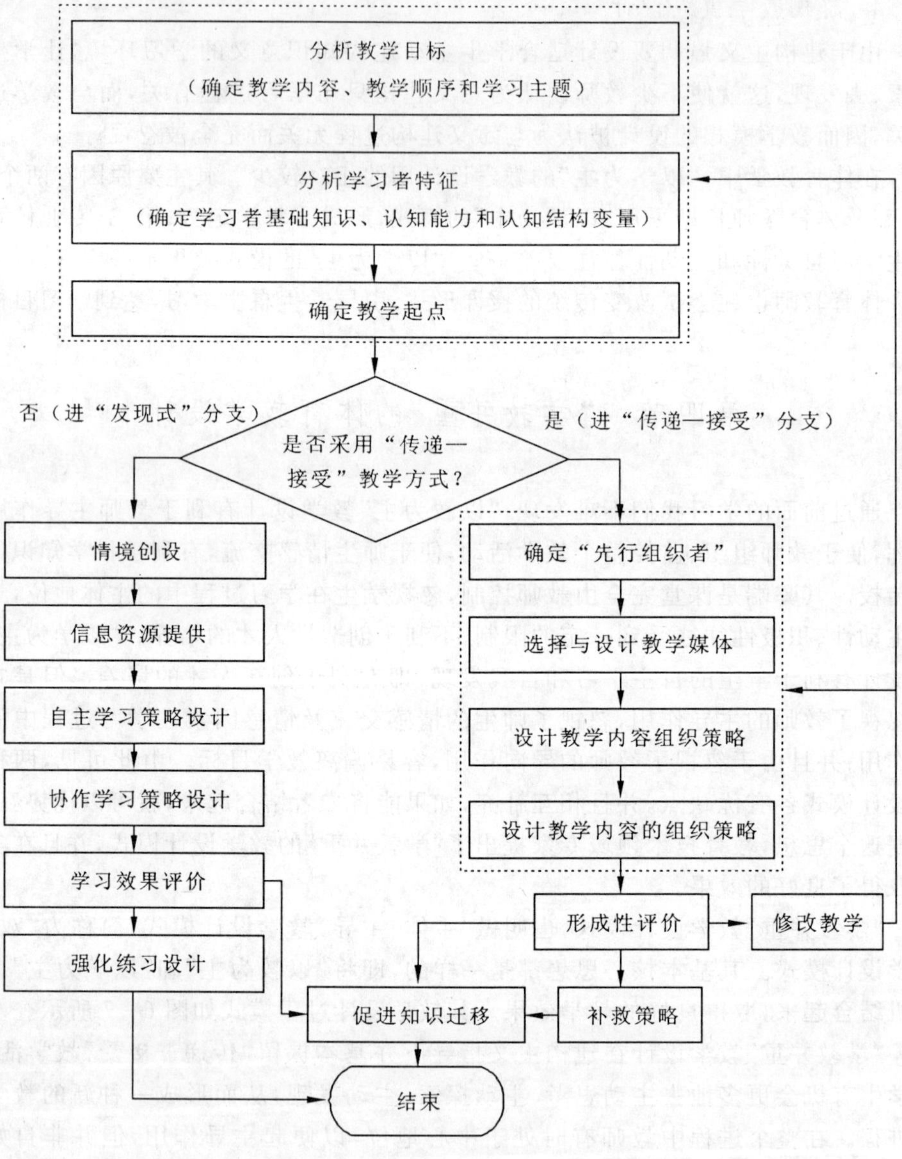

图 6－7 “学教并重”教学设计模式

用其他各种教学策略作为补充，以达到更佳的教学效果。

（3）在“发现式”教学过程中也可充分吸收“传递—接受”教学的长处，让学生系统掌握知识。

（4）考虑学习动机因素的影响，在“情境创设”或“选择与设计教学媒体”中，通过创设的情境或呈现的媒体来激发学习者的动机;在“学习效果评价”环节或“教学修改”环节中,通过讲评、鼓励等手段促进学习者学习动机的形成。

讨论思考

1.谈谈你对教学系统设计的理解。

2.你认为我国当前教学设计现状和存在的主要问题有哪些,请提出解决问题的思路。

3.比较“以教为主”和“以学为主”教学系统设计的优缺点。

4.结合所学的教学系统设计理论,请自选体育教学内容分别设计“以教为主”、“以学为主”和“学教并重”的体育教学方案。

第七章　体育教学资源制作与运动训练辅助系统应用

【学习提示】

体育教学资源的建设与积累是一项长期工作，大力开发与共享体育教学资源，可以增强多媒体技术在体育教学和运动训练中的作用，提高体育教学与运动训练效果。

素材是教学资源开发的基础，本章以多媒体教学资源中不同种类素材制作为基础，介绍了计算机辅助体育教学多媒体课件开发的一般过程、体育网络课程的设计原则与规范、体育电视教材制作基本过程，探讨了现代教育技术背景下计算机辅助运动训练系统的应用。

【学习重点】

1. 体育多媒体素材的种类和制作步骤
2. 体育CAI课件开发过程
3. 体育电视教材编导的过程
4. 体育网络课程开发的流程
5. 计算机辅助运动训练系统的应用

第一节　体育多媒体素材制作

一、多媒体素材的分类

根据媒体的不同性质，常见的多媒体素材形式有文本、图形图像、音频、视频、动画等类型，具体的素材格式如下：

文本：多媒体教学资源中的文本是学生获取大量信息的来源，文本素材要有选择地应用于体育多媒体教学，突出重点，字体鲜明，常见的有纯文本文件、Word文件、WPS文件等。

图形图像：能形象展示体育运动的形态，凝聚精彩的瞬间，完成体育教学内容的可视化表达，解决难以用文字或语言描述的内容，常见的包括 BMP 位图文件、JPG 压缩文件、GIF 图形交换格式文件、Post Script 图像文件等。

音频：一般包括自然体育运动的音效和增强动感渲染的音乐，主要用于运动声音的提示、引起运动知觉与注意等方面，包括标准 Windows 声音文件、乐器数字接口音乐文件、MP3 声音文件等。

视频和动画：能增加体育的趣味性、感召力，易于展开生动形象的教学，极大地吸引学生的注意力，包括 FLASH 动画文件、AVI 视频文件、MOV 文件等。

丰富的体育多媒体素材，使得多媒体教学资源在辅助体育教学时能大大调动学生学习的积极性，将体育动作形象逼真地展示出来，使得学生在身心上能更生动形象地体验体育的魅力，更好地开展情境式教学。

二、文本素材制作

在各种媒体素材中文本是最基本的素材，主要涉及文字的输入和美化编辑，除了键盘输入，还可用语音识别输入、扫描识别等方式。Microsoft office 中 Word 是最常用的字体素材编辑工具，根据需要设置文本的字体、字号、颜色等文本格式，美化字体，调整样式、间距，进行制表和统计操作等，然后就可以输出打印或者进行保存。在 Word 中可以采用艺术字素材进行美化(如图 7－1 所示)。

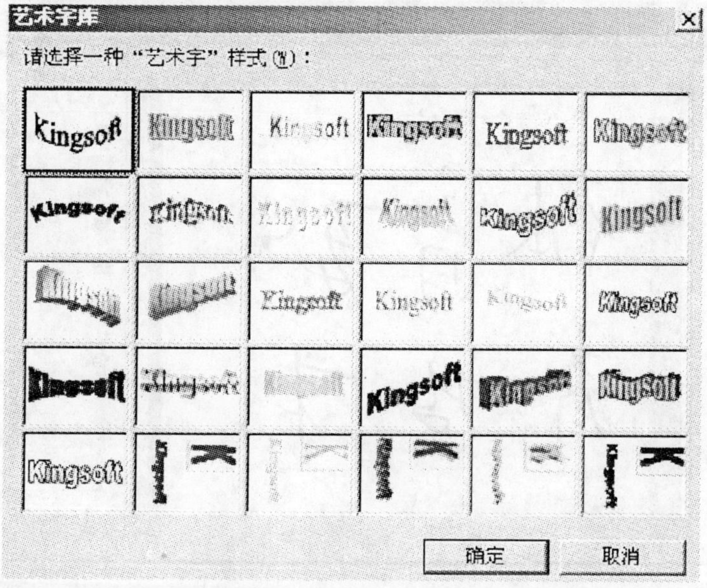

图 7－1　插入艺术字

如果想让文字的表现力更加丰富，可以从网络中搜索特殊的字体素材，拷贝到 WINDOWS/FONTS 文件夹下使用（如图 7－2 所示），或者用 Ougishi 等专业文字软件进行设计（如图 7－3 所示）。

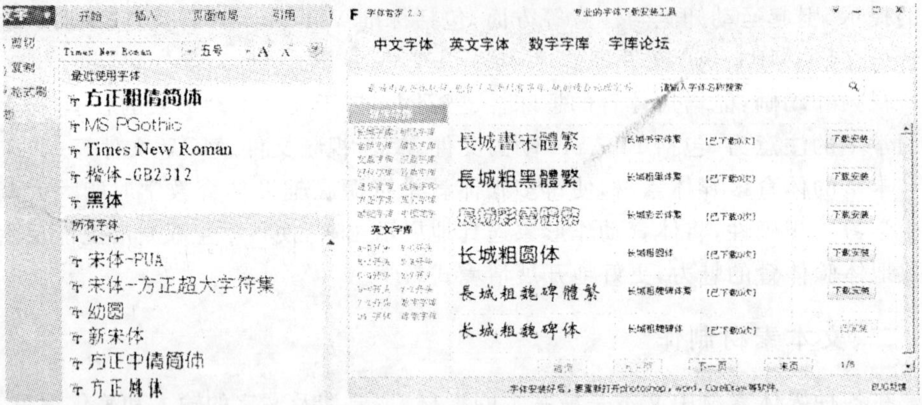

图 7－2 字体字库

图 7－3 字体美化

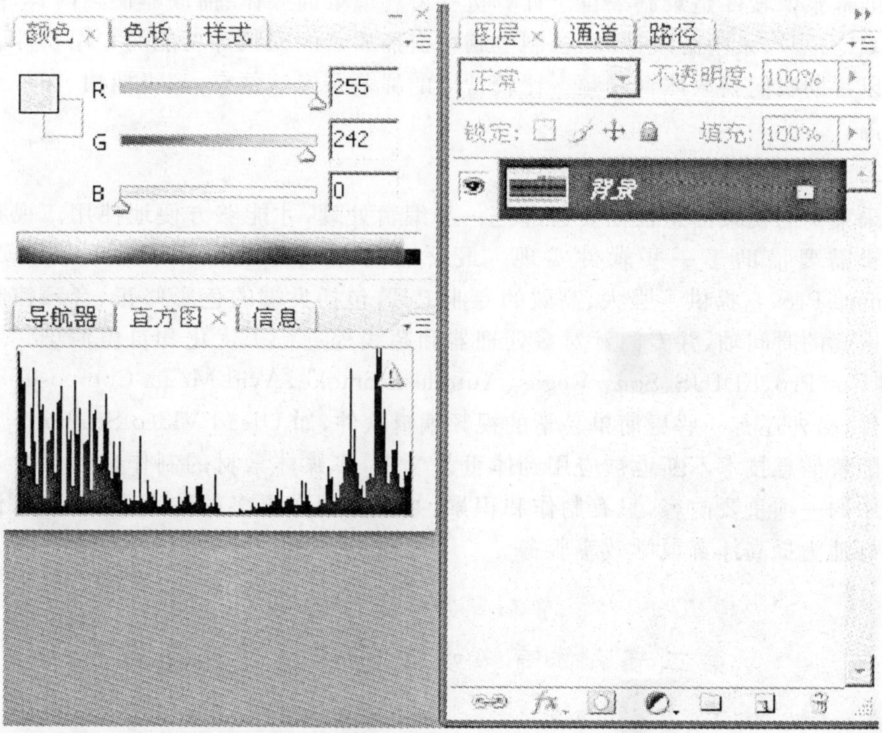

图 7-9　控制调板

“导航器”调板显示图像的缩略图，可以用来缩放显示比例，迅速移动图像显示内容。“信息”调板用于显示光标所在位置的坐标值以及当前位置的像素和色彩数值。“颜色”调板用来选择和设定颜色，以便于绘图或填充等。

五、视频素材制作

1. 视频素材获取

如果视频信号是模拟信号，需要把模拟视频转换成数字视频，并按数字视频文件的格式保存下来。模数转换就是将模拟摄像机、录像机、LD 视盘机、电视机输出的视频信号，通过专用的模数转换设备，转换为二进制数据的过程。最常见的是用视频捕捉卡配合相应的软件（如 Video Studio，Premiere）来采集模拟信号。首先安装好视频采集卡，连接好数据线，启动视频采集卡所带的软件，按下录像机或 VCD 影碟机等设备上的“播放”按钮，点击“记录”按钮，完成采集。目前绝大部分摄像机都是数字摄像机，拍摄后就是存储在存储器上的数字信息，利用数字摄像机获取的视频素材直接可用来编辑处理。

屏幕录像软件是录制来自于计算机视窗环境桌面操作、播放器视频内容，包括录制 QQ 视频、录制游戏视频、录制电脑视窗播放器的视频等功能的专用软件。它也可以帮助我们获取体育视频。比较常用的屏幕录像软件有：超级捕快、屏幕录像专家等。

2. 视频素材编辑

采集到的视频信息往往要通过进一步编辑处理，才能够方便地使用。视频素材编辑需要借助于一些软件实现。最著名的非线性视频编辑软件是 Adobe Premiere Pro，它提供了强大、高效的专业工具，包括尖端的色彩修正、音频控制和多个嵌套的时间轴，并专门针对多处理器和超线程进行了优化和自由渲染。还有 Final Cut Pro、EDIUS、Sony Vegas、Autodesk Smoke、Avid Media Composer 等编辑软件，另外还有一些更简单易学的视频编辑软件，如 Ulead Video Studio 等。

随着信息技术不断地被应用到体育教学中，多媒体素材的制作成为体育教育技术中的一项重要内容，只有制作和积累、共享和创作更多的体育多媒体素材，才能更好地为提高体育教学效率服务。

第二节　体育多媒体 CAI 课件开发

一、体育多媒体 CAI 课件的概念

体育多媒体 CAI 课件是根据体育教学目标设计，表现特定的教学内容，反映一定体育教学策略的计算机辅助教学程序。它可以用来储存、传递和处理体育教学的相关信息，呈现数字化、多媒体化的环境，能让学生进行交互操作，提高教学效率。

体育多媒体 CAI 课件具有体育图像和文字声像并茂的特点，能够激发学生对体育项目的学习兴趣，创建感性逼真的交互环境，调动学生积极参与的学习热情，给学生提供多种学习途径，它以计算机的体育表征为载体，以媒体为传播工具，有效地提高教学质量，实现教学效果最优化的目标。

二、体育多媒体 CAI 课件的作用

1. 创设教学情境，激发学生学习兴趣

体育教师在进行教学设计时，可以在网络中搜索合适的体育图像、声音、动画、视频，也可以自主开发体育多媒体课件，以便在体育教学中使用（如图 7－10 所示）。在授课过程中借助计算机、投影仪、触摸屏、电子白板等先进的多媒体工具向学生展示体育运动的图、文、声、像等资料，运用视听媒体资源刺激学生的感官，创

图 7-10　体育多媒体教学资源

设更为逼真的学习情境，把体育精神和文化更好地传输到每节课程中，有利于激发学生的学习兴趣，提高学习积极性。

2. 帮助学生建立清晰的运动表象

清晰的动作表象是形成技能的重要基础，它来源于教师的讲解、示范、演示等教学过程。体育教学过程中有些技术动作很难用语言来描述清楚，尤其是运动项目一些技术细节，讲解的难度很大，示范的效果也不能尽如人意。多媒体课件就能轻松地解决这些疑难问题，帮助学生理解动作，形成概念，记住结构，并在头脑中建立清晰的动作表象。

3. 帮助学生理解教学重难点

在传统体育教学中，抽象的知识往往以语言描述为主，即使使用一些挂图、模型等直观手段也显得较为呆板。多媒体课件可以利用二维、三维动画、视频等资源，全方位地剖析难点，学生通过清晰的演示画面，对一些难以理解和连惯性强的动作有了清楚的了解。这样不仅节约了时间，而且提高了学习效率。

4. 为学生自主学习提供学习资源

部分学生在课堂上没有完全掌握教师讲授的内容，或由于各种原因缺课造成的学习遗漏都可能影响后续课程的学习。在这种情况下，学生可以利用教师提供的多媒体课件在计算机上自主学习，达到同样的学习效果。另外一部分学生对某些运动项目（比如网球）兴趣比较高，但是没有机会去上课，也可以利用多媒体课件进行学习，再到运动场地进行练习，以达到自学的目的。

三、体育多媒体 CAI 课件制作的基本步骤

1. 体育 CAI 多媒体课件分析

根据体育教学各个项目的特点进行必要的分析，包括选取怎样的内容专题，是否具有课件辅助体育教学的需求，体育项目特色是否能在课件中体现出来等，同时

要考虑是否有相关的同类软件，同类产品有哪些不足，是否需要开发新产品等。在确认需要开发的前提下，要分析一下 CAI 课件的开发周期（如表 7－1 所示）和经费预算。

表 7－1　体育多媒体 CAI 课件制作开发计划进度表

编号	项　目	进度时间	备　注
1	需求分析		
2	编写脚本		
3	搜集素材		
4	素材制作		
5	界面设计		

2. 体育 CAI 多媒体课件设计

（1）体育 CAI 多媒体课件教学设计。教学设计是任何一个教育软件必须进行的一项重要工作，它直接影响着 CAI 课件以及教学软件是否较好地应用于教学之中。体育 CAI 课件教学设计一般包括：学习目标分析、学习者特征分析、教学内容分析、教学策略选择、教学方法选择、教学媒体选择以及学习评价等环节。一般来讲，部分体育课程内容比较抽象、体育项目难以理解、教师用语言不易描述、某些体育运动规律难以捕捉等，在体育 CAI 多媒体课件中采用情景创设、案例讲解等方式效果更好一些。

（2）体育 CAI 多媒体课件脚本设计。多媒体 CAI 课件的教学设计等前期设计完成后，接下来应该进行稿本的设计和编写。规范的稿本，对保证课件质量、提高课件的开发与制作效率有着极其重要的作用，因此，多媒体 CAI 课件稿本的编写是课件开发与制作的重要环节。多媒体 CAI 课件的稿本包括文字稿本和制作稿本两部分，一般情况下，文字稿本由学科老师编写，制作稿本由计算机技术人员或熟悉计算机知识的教学人员编写。文字脚本的编写包含教学目标描述、知识结构的分析、使用对象与使用方式的说明等。我们通常用文字稿本卡片的形式来编写，文字稿本卡片一般包含有序号、内容、媒体类型和呈现方式等，其基本格式见表 7－2 所示。表中各项内容如下。

序号：在一定程度上，可以认为多媒体 CAI 课件的文字稿本是文字稿本卡片的有序集合，文字稿本卡片的序列安排是根据教学过程的先后顺序来决定的。依据知识结构流程图，可划分各阶段的序号范围，并按先后顺序将文字稿本的卡片序号排列出来。如果在讲授知识点的过程中配有相应的问题，那么可以根据问题的设置加插相关的序号。

表 7-2 文字稿本卡片格式

序 号	内 容	媒体类型	呈现方式

内容：文字稿本卡片的内容即某个知识点内容或构成某个知识点的知识元素，也可以是与知识内容相关的问题。

媒体类型：文字稿本卡片的媒体类型即根据教学内容与教学目标需要，考虑各类媒体信息特点，适当地选择文本、图形、图像、活动视频、解说、效果声等各种媒体类型，以使每个知识点的教学均能达到教学目标。

呈现方式：文字稿本卡片的呈现方式主要是指每一个教学过程中，各种信息出现的前后次序。

制作稿本是多媒体 CAI 课件设计思想的具体体现，为多媒体 CAI 课件的制作提供直接的依据，它也是学科教师与计算机课件设计人员沟通的有效工具。制作脚本包括软件结构的说明、主要模块的分析、软件屏幕设计、链接关系的描述等内容。如图 7-11 为排球基本技术 CAI 课件脚本设计。

(3)体育 CAI 多媒体课件导航设计。导航在多媒体课件中具有重要的作用，因而导航的设计在整个课件的设计中举足轻重。导航有许多方式，常见的有检索（标题、关键词、时间轴、知识树等）、线索、帮助、浏览、演示导航等，具体体现方式是导航图、按钮、图符、关键字、标签、序号等多种形式。在进行导航设计时，应注意针对软件的类型、对象、知识内容、学科特点等方面的特点，选择适当的导航策略，然后选用一定的交互方式实施。

(4)体育 CAI 多媒体课件交互设计。CAI 多媒体课件交互是指用户与计算机之间使用某种对话手段，以一定交互方式，为完成确定任务而进行的人机之间信息交换的过程。交互方式是指用户与计算机之间交互信息的组织形式或语言方式，又称对话方式、交互技术等。用户与计算机通过不同的交互方式实际完成用户向计算机输入信息以及计算机向用户输出信息的工作，目前常用的交互方式有：问答式对话、菜单技术、命令语言、填表技术、查询语言、自然语言、图形方式及直接操纵等。多媒体 CAI 课件人机交互方式设计要满足下列基本要求：

友好性：友好性是指用户操作系统时主观操作是否容易，操作复杂性越低即系

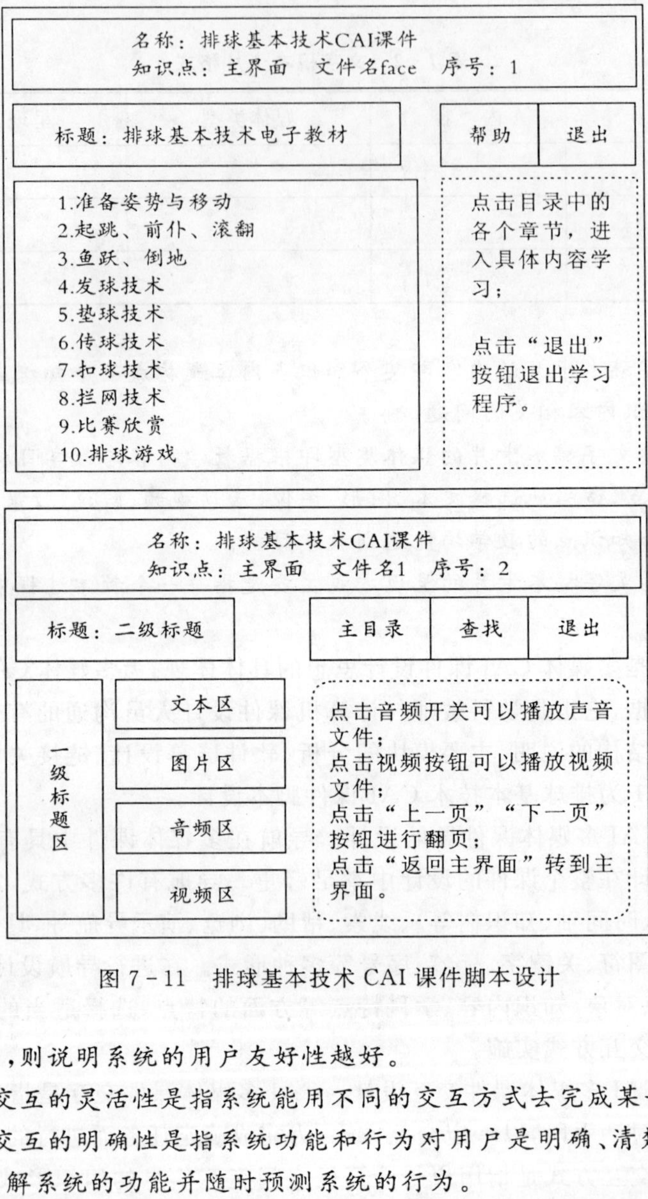

图 7－11　排球基本技术 CAI 课件脚本设计

统越容易使用，则说明系统的用户友好性越好。

灵活性：交互的灵活性是指系统能用不同的交互方式去完成某一特定目标。

明确性：交互的明确性是指系统功能和行为对用户是明确、清楚的，这意味用户可清楚地了解系统的功能并随时预测系统的行为。

一致性：交互的一致性首先是指系统采用一致的方式工作，要求系统工作方式或处理问题的步骤尽可能与人的思维方式一致；其次是指系统不同部分及不同系统之间有相似的交互显示格式和相似的人机操作方式。

可靠性：交互的可靠性是指系统正常工作的能力。交互系统应使用户能正确地使用系统，保证有关程序和数据的安全。

图形化：图形具有直观形象、信息量大等优点，因此使用图形来表示程序、实体和操作，使用户的操作及响应直接可视和逼真。

目前多媒体课件工具提供的常见交互方式有：按钮、菜单、热字、热区、条件判断、文本输入、移动对象到目标区域、限定时间、限定次数、按键等。在制作多媒体课件之前要详细了解用户的习惯与作品的交互需要，选择合适的交互方式。

(5)体育CAI多媒体课件界面设计。屏幕界面是学习者与多媒体CAI课件交互的窗口，学习者通过屏幕界面向计算机输入信息以进行控制、查询和操纵；多媒体CAI课件则通过屏幕界面向用户提供信息，以供阅读、分析、判断。通常来说，多媒体课件的屏幕界面主要由窗口、菜单、图标、按钮、对话框、示警盒等组成。屏幕设计要注意以下原则：

第一，屏幕界面窗口的大小和窗口数量要适中。窗口的主要功能是帮助学习者区分画面上的资料，如果窗口过多、过于复杂，就失去了区分的意义。由于计算机屏幕有限，为了使教学信息呈现清楚，教学信息窗口开得越大越好。对于内容较多的，可在窗口边缘使用滚动条。

第二，屏幕信息的布局要合理。教学信息区中有时包含很多内容：教学信息、讲解、练习、帮助信息、交互功能键等，那么如何合理布局这些信息呢？根据人眼定位的规律，通常的屏幕构成元素一般都有其放置的规律，以下是推荐性的建议：比如屏幕的标题一般位于屏幕上中部，有利于产生对称感；屏幕标志符号、序数等置于右上角，这是一个大多数屏幕使用频率较低的位置；屏幕主体通常从中上部到底部稍上部分；有关信息项，如状况、注释行等应该放在屏幕底部；功能键区、按钮区等可放在屏幕底部；菜单条等则应放在屏幕顶部。

3. 体育CAI多媒体课件制作

多媒体课件开发工具可以帮助开发人员提高开发效率，它们大体上都是一些应用程序生成器，课件开发工具将各种媒体素材按照超文本节点和链结构的形式进行组织，形成多媒体课件系统。目前市场上多媒体课件制作工具非常多，并且各有优缺点，比较常用的有：PowerPoint、Authorware、Director、Flash，当然也出现了三分屏课件制作工具，如串流大师、德威课件大师等。

(1)PowerPoint。微软公司出品的制作幻灯片的软件，此软件制作的电子文稿广泛地应用于学术报告、会议等场所，有很多教师也在用此软件制作课件。它的优点是做课件比较方便，简单易学，很容易上手，制作的课件可以在网上播放，但其功能差一些，它只能出现一些图片、视频、文字资料，起到资料展示的作用，交互方面比较缺乏，现在的OFFICE里包含的PowerPoint虽然已经改变了很多，但功能依然有限，只能做一些简单的按钮、区域交互。打包以后的文件对里面的资料一般不加压缩，所以如果资料大，文件就大。引用外部文件比较有限，并缺乏控制。

(2)Authorware。它是美国 Macromedia 公司开发的一款多媒体制作软件，是一个图标导向式的多媒体制作工具，使非专业人员快速开发多媒体软件成为现实，其强大的功能令人惊叹不已。它无需传统的计算机语言编程，只通过对图标的调用来编辑一些控制程序走向的活动流程图，将文字、图形、声音、动画、视频等各种多媒体项目数据汇在一起，就可达到多媒体软件制作的目的。Authorware 这种通过图标的调用来编辑流程图用以替代传统的计算机语言编程的设计思想是它的主要特点。但它主要应用于单机版的课件，并且生成的文件都比较大。

(3)Director。它是 Macromedia 公司推出的多媒体开发工具，是全球多媒体开发市场的重量级工具。据统计，它在美国专业 CDROM 开发市场占据 85%以上的份额。它不仅具备直观易用的用户界面，而且拥有很强的编程能力。主要定位于 CDROM/DVDROM(多媒体光盘)的开发。用 Director 制作多媒体动画，无论是演示性质的，还是交互性质的，都显示出其专业级的制作能力和高效的多媒体处理技术。文本、图形图像、音频、视频、动画多媒体元素，在 Director 中都可以非常方便而有机的结合起来，创造出精美的作品。因为非常专业，所以教师用此软件制作课件的不多。其特点是：帧动画与编程相结合的多媒体编制软件，用帧可以做出很多漂亮的动画，有 Lingo 语言可以编出你想要的交互，引入的外部的多媒体元素非常丰富。但是生成的文件比较大，在网络传输方面做得还不是很理想。对于初学者来说，用它来做课件比较困难。

(4)Flash。Flash 是 Macromedia 公司出品的，用于互联网上动态的、可互动的动画媒体。它的优点是体积小，可边下载边播放，这样就避免了用户长时间的等待。Flash 可以生成动画，还可在网页中加入声音。Flash 虽然不可以像一门语言那样进行编程，但用其内置的语句并结合 JAVASCRIPT，也可制作出互动性很强的作品来。Flash 另外一个特点就是必须安装插件，才能被浏览器所接受，当然这也避免了浏览器之间的差异。用 Flash 制作动画素材的比较多，当然也可以用它来整合课件。

(5)三分屏课件制作工具。三分屏课件是把教师视频与 PowerPoint 课件一并摄制下来，生成电脑格式的文件，通过 Windows 系统里的 IE 浏览器进行播放。生成的课件包括三个部分：教师的视频、讲课的 PowerPoint(也可能是其他电子文档)、课程纲要。因此被称为三分屏课件。由于三分屏课件是基于 IE 浏览器浏览的，所以课件可以被挂接到远程教学平台上，供学员进行在线学习。由于三分屏课件是老师视频讲授同步配合 PowerPoint 文稿，因此教学效果非常接近现场授课。经过几年的发展，三分屏课件开发技术已经日趋成熟，能够在很多教学平台上进行挂接。正因为如此，它是很多院校与企业进行网络培训的首选媒体形式。

尽管三分屏课件形式单一，但正是三分屏技术简单，易于被学习者接受。另外，三分屏课件开发周期短，成本也低，相对很多网络课程来说处于优势。但是三分屏课件的教学效果不取决于技术问题，而是讲课教师的授课水平；三分屏课程是彻头彻尾的单向灌输式教学，网络的双向互动这一特色，被完全遏制，而且其他网络课程可以插入大量丰富的内容以拓展教学的资源，三分屏课件几乎不能满足这一要求。

第三节　体育电视教材编导与制作

一、体育电视教材概述

教材是指教师和学生使用的所有教学材料，由基本信息、符号、媒介组成。体育电视教材是指根据体育课程教学大纲的培养目标要求，用电视图像与声音去呈现教学内容，并且用电视录像技术进行记录贮存与重放的一种视听教材（如图 7 - 12 所示）。

图 7 - 12　体育电视教材

体育电视教材的教学目的明确，有特定的体育教学对象，以体育活动图像为主，利用电视表现手段呈现体育运动的本质特征，多维度传递信息内容，能够实现存储再现，克服时空局限性。

二、体育电视教材分类

1. 讲授型

讲授型电视教材是一种常见的形式，通常是直接录制教师的课堂讲授全过程。讲授型电视教材，通过教师或演讲者的语言、动作、表情，配合板书、图表、实物、模型等手段来展示教学内容，相当于把教师的课堂讲课过程“搬”上屏幕，容易为学习者接受。在讲授型电视教材制作过程中，教材设计的大量工作交由教师或演讲者去完成，效果好坏主要取决于教师和演讲者的水平，制作也比较简单，经常应用于优秀教师教学示范课。该类教材也常以片断放映方式应用于课堂教学，用在不易叙述清楚，或不易呈现的教学内容的教学中。

2. 图解型

这类教材主要是采用纪实性的制作手法，将事物发展变化的真实形态及过程记录下来，通过各种镜头组接手法，把图像、动画、字幕及解说、音乐、音响等有机组合，充分发挥电视媒体的优势来传递教学信息，教师的形象一般不出现在屏幕上。图解型教材的特点是：呈现教学信息具体明确，教学主题集中，目的性强，常用于表现一个完整的过程，如植物的生长过程、产品的生产流程或学校的发展过程等。由于采用纪实性表现手法，学习者容易理解，但制作起来比较费时。

3. 演示型

演示型电视教材主要是通过演示教学、示范操作等来表现教学内容，适用于实验教学过程展示、动作技能规范教学，如演示实验教学片、体育教学片等。演示型电视教材要求为学习者提供模仿的范例，准确度要求高，因此，示范操作教师的水平直接影响着电视教材质量。体育电视教材采用这种形式的最为常见。

三、体育电视教材制作

体育电视教材编制工作过程大体上可以分为五个阶段：稿本编写、镜头拍摄、视频剪辑、配音合成和评价使用阶段（如图 7－13 所示）。

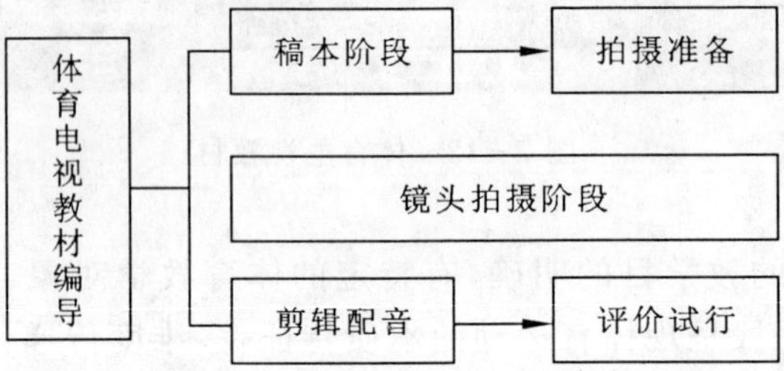

图 7－13　体育电视教材制作过程

1. 稿本编写

制作电视教材之前需要编写稿本。稿本是用文字和图画叙述拍摄内容、拍摄过程和画面要求的文本，是制作电视教材的依据，稿本的好坏直接影响电视教材的质量。编写电视教材的稿本，一般以文字教材为依据，但不是文字教材的简单重复，也不是文字教材的翻版。因而在编写稿本时，应该考虑在文字教材的基础上对其进行提炼。除了要贯彻一般的教学原则外，还要根据电视的特点，增强电视教材的艺术性，提高学生的学习兴趣。根据电视教材稿本的形式，可将其分为“文字稿本”和“分镜头稿本”两种，通常文字稿本由专业教师来编写，分镜头稿本一般由导演来完成。

(1)文字稿本。文字稿本是用文字来描述教学内容的画面设计和解说词的一种书面材料，是电视教材画面呈现顺序的初步描述。文字稿本编写的基本要求是结构严谨、层次清楚、主题明确，编写中要借助形象思维，用文字语言去塑造能够直接诉诸于学生视觉的、清晰可见的直观形象，而不要作过多抽象的叙述。

文字稿本有多种形式，讲授型电视教材的文字稿本可用讲稿式，教材中需插入模型、图片、标本或外景的地方，在稿本的相关部分做出说明；图解型、演示型的文字稿本通常写成对应式，即左边写画面，右边写解说词，需加入动画的地方，画出基本图形，写明该动画设计的基本要求和动作过程。最常用的文字稿本书写格式是并列式，画面与解说词内容分为左右两侧并列书写，这种格式左右对照，条理清楚，便于理解。

(2)分镜头稿本。电视教材是由一个个分散的“镜头”组成的，每一个镜头的内容、场景、拍摄技巧以及镜头的时间、解说词、音乐效果都要在拍摄之前做出明确的规定，才能进行具体的拍摄，这项工作就是编写分镜头稿本。分镜头稿本是具体拍摄的蓝图，因而应根据文字稿本的具体内容，应用电视艺术的理论与技巧，依据美学的要求和拍摄的实际需要来写。

镜头与镜头的类别。镜头是从开始拍摄到停机这一时间段内所拍摄下来的连续画面。镜头是构成电视教材的基本单位，根据视距的不同分为远景、全景、中景、近景和特写。另外还有短镜头、长镜头、空镜头、慢镜头、快镜头之分。

远景：远景的视距最远，以景物、场面为主要对象，用于交待事物发生的地点及其周围的环境，表现宽广、辽阔的场面，也用于描写景物、抒发作者或人物的感情。远景一般用在节目或段落的开头和结尾。

全景：全景是以主体事物的整体形象为主而构成的画面，主要用于表现主体与环境的关系，通过一定环境的烘托渲染来表现人物的风度和气质。

中景：中景表现主体的大部分，如人物的膝盖以上部分、物体富有特征的结构部分。中景的叙述性强，富于表现人物的动作情节和人物之间的情感交流。

近景：近景以人的表情或物的质地为表现对象，如人物的胸部以上。

特写：特写画面是完全排除背景环境因素，专门表现主体的局部细节，对它作更细致的交待，给人以强烈而集中的印象(视觉冲击)。特写画面的设置，应该让对象的某一局部充满画面，如嘴边的微笑、瞪圆的眼睛。特写在整个拍摄中常被用作过渡画面。

其他镜头：短镜头需和其他镜头连接才能表达一个完整的意义；长镜头则能够

独立形成较完整的段落;空镜头的画面中没有人物,但能起到比喻、象征、抒情、烘托气氛、借物写人的作用;慢镜头利于表现变化的过程;快镜头利于创造紧张气氛。

分镜头稿本的格式。编写分镜头稿本,除了明确详细叙述镜头的画面内容外,还要写清楚镜头间的组接技巧、相应的解说词、音乐与音响效果等,一般采用表格的形式来编写,如表 7-3 分镜头格式。

表 7-3 分镜头格式

镜号	机号	景别	技巧	时间	画面	解说	音响	音乐	备注

镜号:即镜头顺序号,按组成电视教材的镜头先后顺序,用数字标出。

机号:现场拍摄时,往往是用 1～3 台摄像机同时进行工作,机号则是代表这一镜头是由哪一台摄像机拍摄。若是采用单机拍摄,机号无需标出。

景别:有远、全、中、近、特等,它代表在不同距离观看被拍摄的对象,能根据教学内容要求反映对象的整体或突出局部。

技巧:电视技巧包括有摄像机拍摄时镜头的运动技巧,如推、拉、摇、移、跟等,以及镜头画面的组合技巧,还有镜头之间的组接技巧,如切换、淡入淡出等。一般在分镜头稿本中,在技巧栏只是标明镜头之间的组接技巧。

时间:指镜头画面的时间,表示该镜头的长短,一般时间是以秒去标明。

画面内容:用文字阐述所拍摄的具体画面。为了阐述方便,推、拉、摇、移、跟等拍摄技巧也在这一栏中与具体画面结合在一起加以说明。

解说:对应一组镜头的解说词,它必须与画面密切配合。

音响效果:在相应的镜头标明使用的效果声。

音乐:注明音乐的内容及起止位置。

备注:方便导演作记事用,导演有时把拍摄外景地点和一些特别要求写在此栏。

2. 视频拍摄

把分镜头文字稿本变成视频图像,需要进行拍摄。拍摄前,首先要做好计划、场地、道具、器材等各种准备工作。拍摄过程中,要分工合作,全面听从导演指挥,协调一致。重要的、较难再补的特写镜头,可多拍几遍备用,同时做好同期录音工作。

(1)拍摄的技巧。素材镜头的拍摄技巧常有推、拉、摇、移、跟等几种,通过不断运动的画面来展示时间的流程和空间的转换,增强画面的动感和空间感,使画面更加真实。

推:画面不断向主体方向推进,由远及近、由整体到局部,具有突出主体、突出重点的作用。摄像机推进速度的快慢,会影响画面的节奏,因而可通过调节推进的速度来控制画面的节奏。

拉:操作与推相反,主体逐渐退向远方,画面由局部引向整体,常被用来表现主体和主体所处环境的关系。

摇:拍摄时摄像机位置不动,只改变镜头的拍摄方向,可以水平摇摄,也可以垂直摇摄,用于展示变化的环境,介绍多个景物之间的关系。

移:通过移动摄像机位置进行拍摄。能对复杂空间进行完整连续的表现,使画面显得特别真实。

跟:拍摄目标不变,摄像机跟随着主体的运动拍摄,用于表现事物的运动过程。

(2)拍摄注意事项。

镜头的拍摄要考虑后期的编辑制作,要满足整体效果的需求。

有"起幅"和"落幅",即镜头的开始和结束都有一个2～3秒停顿的时间,以便让观众看清镜头运动前后画面上的内容,同时有利于编辑时的镜头顺畅连接。

努力做到稳、准、匀,画面不晃动;起幅、落幅清晰明确;速度均匀。

3. 画面剪辑

画面剪辑就是将拍摄好的镜头,按照稿本要求进行组接。编辑是电视教材制作非常重要的一个阶段,需要教师、导演与编辑摄制人员相互理解、默契配合,用专用的设备对各种素材镜头进行认真整理、反复检查,按原定的主题思想进行组接的过程。

这里我们提一下蒙太奇,"蒙太奇"是指镜头分切和组接的章法和技巧。依照情节的发展节奏,把各镜头合乎逻辑地连接起来,表达一个完整的含义。蒙太奇技术能够跨越时空障碍,把表面不相干的镜头组成视觉文章,创造新的含义。但是组接镜头也并不是随意组接,镜头的组接要符合下列原则。

(1)镜头组接要符合人们生活逻辑和心理逻辑。人们日常生活有一定的习惯,观察周围事物也有一定的联想思维习惯,电视教材的表现方法要符合这种习惯,按照事物发展的时间流程、因果关系进行组接;尽量用不同的角度去多方面展示问题的不同侧面;注意空间的连续性和事物之间的横向联系;注意视线方向的统一。

(2)景别的过渡要自然合理。两个镜头景别要有明显变化,不能把同机位、同景别的镜头相接,因为同一环境里的同一对象,机位不变,景别又相同,其画面内容差不多,相接后会产生主体的跳动;景别相差不大时,必须改变摄像机的机位,否则也会产生明显跳动;对不同主体的镜头组接时,同景别或不同景别镜头都可以相接,但相同景别镜头组接更流畅自然,景别相差较大的镜头组接则感觉突然一些。

(3)镜头组接符合视觉艺术要求。要把零散的镜头组接成流畅的画面语言,有一定的视觉艺术要求,最重要的是要防止观看者的视觉跳动。因此,镜头组接要做到"动接动、静接静"。

(4)光线、色调的过渡要自然。相邻镜头的光线与色调不能相差太大,否则也会导致组接的突然,使人感到不连贯、不流畅。这些组接的原则,在实际运用中要视内容需要,灵活运用,不可生搬硬套。

4. 配音合成

电视教材视频编辑完成后,还要配上声音和字幕,合成声画并茂的整体。清楚的解说、优美的音乐、恰当的效果声、醒目的字幕可使整个教材增色不少,从某种意义上来说,这些工作甚至比画面编辑更加重要。

配音的声音一般有:解说、音乐伴音和效果声。解说是和画面不同性质的信息,在塑造形象和表现思维方面各有千秋,两者相辅相成。背景音乐是为了烘托主题、渲染气氛、调节节奏、提示段落,必要时要为电视录像教材画面内容选配乐曲,乐曲要与画面内容相吻合,响度不能压过解说词的音量。效果声是为了改善环境气氛,加强画面真实的感觉。

字幕是指在已录制好的录像教材中穿插的全文字画面或键入画面中的文字。在电视录像教材中,字幕的运用十分重要,通常用于展示总结性的文字结论、提示事件发生的时间地点或简要经过、标示画面中的关键部位、作为标题和结束语等。字幕用词要精练和准确,起到画龙点睛的作用,同时要注意字体大小、位置、色彩等方面的问题。

5. 评价使用

对于电视教材的评价,要求教育性、科学性、技术性、艺术性四统一,必须符合教学大纲的要求,有明确的教学目的,科学严密,同时还要有一定的艺术感染力。制作完成后,应该进行全面、客观、科学的评价,了解教学中的使用效果,进一步发现问题,找出差距,并做出相应的修改以完善电视教材。

第四节　体育网络课程设计与制作

网络教学是现代远程教育发展的有效手段和必然趋势,它在实现共享资源、扩大规模、提高教学效率、构筑终身教育体系等方面具有重要作用。网络课程是通过网络表现某门学科的教学内容及实施教学活动的总和,它包括两个组成部分:按一定的教学目标组织起来的教学内容和网络教学支撑环境，其中网络教学支撑环境特指支持网络教学的软件工具、教学资源以及在网络教学平台上实施的教学活动。

一、体育网络课程开发基本过程

教师在了解了教学对象，进行了学习者特征分析的基础上，开发的课程已有成型的教学大纲和知识体系结构。体育网络课程开发基本过程如图 7－14 所示。体育网络课程建设要基于远程教育的特点，能提高学习者学习兴趣与自觉性；必须满足在互联网上运行的基本条件；应有完整的文字与制作脚本；对课程中的重要部分，可适当采用图片、配音或动画来强化学习效果。

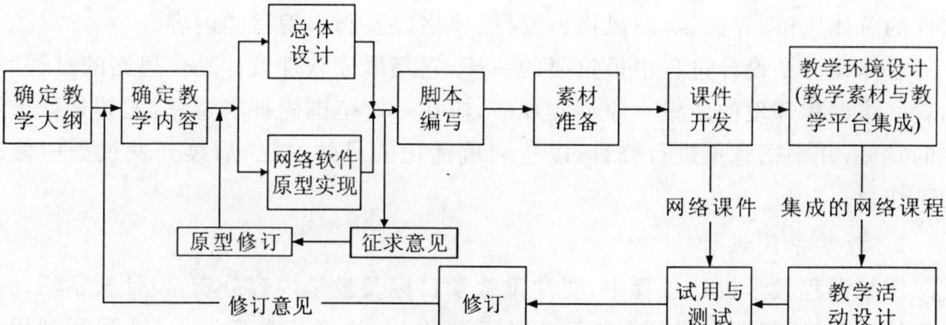

图 7－14　网络课程开发的基本过程

二、课程教学大纲

教学大纲是以纲要的形式规定出学科的内容、体系和范围，它规定课程的教学目标和课程的实质性内容，是编写教科书的依据，也是检查教学质量的直接尺度，对教学工作具有直接的指导意义。教学大纲一般由以下几个部分构成：

说明：扼要介绍本学科的目的和任务、选材的主要依据，以及教学与学习的原则性建议。

正文：列出按层次结构的知识点条目，知识点的简要说明，知识点的教学要求、教学时数、教学活动及其所用时间说明。

实施要求：列出编写教材的参考书目，教学环境要求，教学仪器设备，辅助教学手段、说明等。

如果开发的课程已有教学大纲，应尽可能选用现有大纲，如果没有就需要编写，编写的大纲要经过学科专家审查。

三、选择教学内容

根据教学大纲编写教材，如果已有优秀教材，尽可能选用。教材的内容应具有科学性、系统性和先进性，表达形式应符合国家的有关规范标准。应当结合“高等教育面向21世纪教学内容和课程体系改革计划”的成果，符合本门课程的内在逻辑体系和学生的认知规律。在选定教材的基础上，再精选重要教学内容作为重点建设部分。

四、总体设计与原型实现

选择一个完整的教学单元，设计出一个教学单元的原型，通过原型设计，确定软件的总体风格、界面、导航风格、素材的规格以及脚本编写的内容。

总体设计是设计过程中最重要的一环，它是形成软件设计总体思路的过程，影响着网络课程开发的质量。原型实现后，应在一定范围内征求意见，尤其是征求学生的意见，并根据意见进行修订，以达到最优化的目的，减少后续开发过程中修改的工作量。

1. 教学系统设计

网络课程教学设计过程中，要注重教学目标及教学内容分析，设计教学活动时注意情境创设，强调“情境”在学习中的重要作用，注意信息资源设计，强调利用各种信息资源来支持“学”，强调以学生为中心，注重自主学习设计，强调“协作学习”，要注重协作学习环境设计，注重基于网络教学策略设计。尤其是体育网络课程，在教学设计中更要吸引学生的兴趣与注意力。

2. 教学内容组织

课程内容的组织是以有良好导航结构的WEB页面为主，链接有特色的网络或单机运行的教学课件，课件以知识点教学单元为单位。课程内容应根据具体的知识要求，采用文本、声音、图像、动画等多种表现形式。每一个教学单元的内容都有：学习目标、教学内容、练习题、测试题、参考教学资源。内容的表现形式应采用文字说明、背景资料支持、配音阐述、重点过程动画表现，以及小画面教师讲授录像播放相结合。

3. 教学内容表现

在具体的开发过程中，注意描述性文字要精炼、准确。中文字体尽量用宋体和黑体，字号不宜太小和变化太多，背景颜色应与字体前景颜色协调，以便减少在屏幕上阅读的疲劳。画面应要求构图合理，画面清晰，动画影像播放流畅，图形图像应有足够的清晰度。色彩的选择应明快、简洁，颜色搭配合理，主题与背景在色彩上要有鲜明的对比。构图是指画面的结构布局。构图的基本要求是设计好屏幕的空间关系，使画面新颖简洁、主体突出，具有艺术感染力，使教学内容形象地展示在学习者面前。同一网页中不宜同时出现过多动态区域，网页长度不宜太长，一般不要超过三屏，每门课程的网页应保持统一的风格和操作界面。课程内容的设计应尽量加入交互方式，激发学生在学习过程中主动参与和积极思考。在疑难的知识点上充分发挥多媒体的功能，展现其内涵，使学生能够深刻体会，从而有利于培养学生获取知识的能力和创新能力。

4. 教学内容导航

由于网络课程信息量巨大，内部信息之间的关系可能异常复杂。因此除了要求在信息结构上要合理设计外，对信息的导航策略要求也十分重要。良好的导航可以避免学习者偏离教学目标，引导学习者进行有效学习，提高学习效率，它是决定网络课件质量的关键因素，需要进行精心设计。网络课程可以提供的导航方法有：

页面组织：网页间的联系要便于学习者对知识结构的掌握。在网页中应有到课程起始页(Home)、前一页、后一页、上一层、相关内容的超链接，应提供由关键词和目录树查找相关网页的快速跳转功能。

直接导航：对一些重要的导航点，如当前学习单元、当前学习目标、学习单元的结束、前进、后退等，在主界面的导航中心提供直接的导航，只需用鼠标单击导航上的超链接，便可直接进入对应的界面之中。

浏览历史记录：记录学生在超媒体空间所经历的路径，学生可随时快速跳转到以前浏览过的页面。

帮助：对一些学习过程中容易遇到的问题，用帮助页面的方式给出指导，提供解决问题的方法和途径，引导学习者不致迷航。

导航条：以提供到顶级页面、上一级、下一级、同一级页面的导航。

书签：记录学习者标记的学习重点，便于对重点学习内容的快速定位。

框架结构：对结构比较复杂的课件设计可采用框架结构。主框架可以是学习区，副框架则显示当前的学习进度。

五、脚本编写

脚本描述了学生将要在网络课程中看到的细节。它在课件设计中占有非常重要的地位，它是设计阶段的总结，又是开发和实施阶段的依据。从其内容来看，它是网络课件中教学内容和教学方法的载体，脚本是教学人员与技术开发人员沟通的桥梁，脚本描述了学生将要在计算机上看到的细节，脚本不是课本或教案的简单复制。网络课程的脚本可以使用不同的格式，但必须规范，而且便于对脚本各项内

容的表达,这些内容包括:

显示信息:指屏幕上将要显示的教学信息、反馈信息和操作信息。

注释信息:说明显示信息呈现的时间、位置和条件以及连接要求。

逻辑编号:显示信息常常是以屏幕为单位来表述的,为了说明它们之间的连接关系,每一个显示单位应有一个逻辑编号,以便说明连接时使用。

媒体、交互信息和“热字”的表示。为了清楚地表示教学信息中使用的不同媒体、教学信息中的“热字”以及交互过程中呈现的各种信息,脚本中常用不同的符号表示它们。

在网络课程设计中也有两类脚本:文字脚本和制作脚本,编写方式与CAI课件脚本相似,这里不做重复介绍。

六、素材采集

根据脚本的要求,准备所需要的素材,特别是声音和视频素材,通过录音和摄像得到。在本章第一节已经详细介绍过如何制作多媒体素材,这里不再重复。

七、课程整合

根据前面设计与前期准备,利用整合工具进行网络课程整合。网络课程整合分为两类,一类是在搭建好的平台上进行制作,这一类相对来说比较简单,按照系统要求将准备的内容添加到系统中即可,这类网络课程相对来说较为单调,不一定完全适合于所开发的课程。第二类需要自主开发平台,这类网络课程制作难度大一些,但是自由度较大,可以完全按照设计去实施。

八、教学活动设计

教学活动是网络课程的核心内容,在一门完整的网络课程中,至少需要设计如下教学活动:实时讲座、实时答疑、分组讨论、布置作业、作业讲评、协作解决问题、探索式解决问题。教学活动的安排,根据课程内容确定。

第五节　运动训练辅助系统应用

在运动训练中,往往需要对大量训练和比赛数据进行分析,以提高运动训练的科学化水平,最终提高运动员成绩。计算机辅助运动训练系统就是将信息技术手段应用于体育训练之中,利用计算机采集、存储和分析比赛与训练数据,从而达到帮助教练管理日常训练信息、辅助训练决策和仿真运动结果的目的。计算机辅助运动训练是运动训练学、运动医学、生物力学和信息科学等多学科交叉的产物，它在一定程度上可以提高训练效率和训练水平，避免对传统训练方法的依赖，使得运动训练更加科学化、智能化和人性化。

一、运动训练与运动训练辅助系统的特点

1. 运动训练的特点

运动训练与体育教学、体育锻炼相比有其自身特点，运动训练是以提高运动员的竞技能力和运动成绩为目的的体育活动，表现在训练目标上的专一性和训练内容上的专门性(如图 7－15 所示)。随着现代竞技运动的迅速发展，各运动项目的竞争越来越激烈，对运动员各项能力的要求也越来越高。利用信息技术手段分析训练内容和训练数据，辅助运动员提高训练成绩具有重要意义。

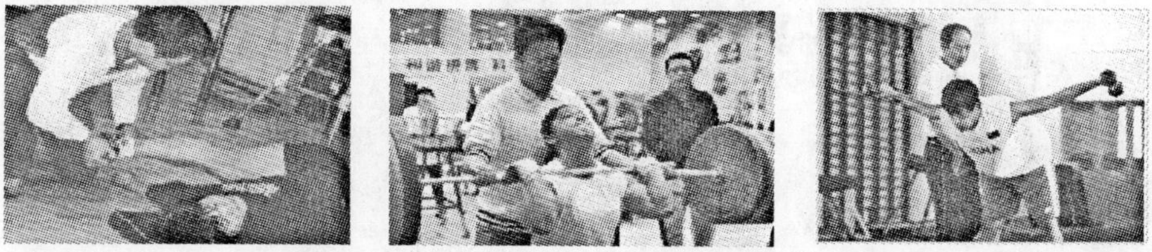

图 7－15　体育运动力量训练

2. 运动训练辅助系统的特点

(1)自动化。运动训练辅助系统主要是在分析比赛数据与训练数据的基础上，为教练员提供训练决策依据；训练目标的确定、过程的监控、结果的评定、信息的反馈、方案的修正都需要借助计算机的自动分析与判断，这就要求运动训练辅助系统具有自动分析、自动判断、自动反馈的特性。

(2)科学化。一方面在设计开发运动训练辅助系统时，需要根据具体运动项目建立科学模型，在科学模型的基础上开发出的系统才具有实际应用价值；另一方面在科学模型基础上采用技术手段对数据进行程序化的分析与处理，结论更具有可靠性。

二、运动训练辅助系统的实际应用

在实际训练过程中，运动训练辅助系统应用比较广泛，其基本原理是：在建立科学模型的基础上，利用技术手段辅助运动训练，最终提高训练水平与成绩。运动训练辅助系统使得数据采集、数据分析、训练诊断、目标确定、方案设计、过程监控、结果评定、信息反馈、方案修正等各个环节有机相连，使训练过程处于一种自动或

半自动循环状态。

1. 辅助规划训练过程

该方法是指利用计算机辅助设计软件，规划运动训练过程不同时期训练内容、训练指标、训练方案的方法。其作用是：协助教练员科学编制训练大纲、制作训练计划、编写训练方案、规划训练进度、提出变更措施。

2. 辅助仿真模拟动作

该方法是指利用运动生物力学方法以及动画分析软件，动态模拟人体运动技术，以实现动作模拟的训练方法。其作用是：协助教练员科学分析技术参数、解决技术难点、模拟技术过程、预测技术效果、改进技术动作（如图 7-16 所示）。

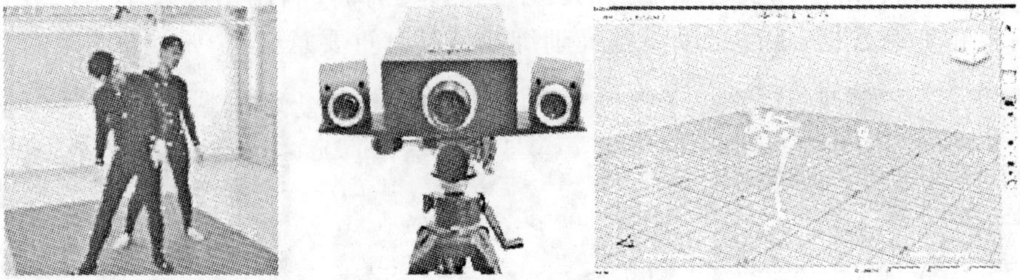

图 7-16　计算机动作捕捉模拟

3. 辅助损伤诊断康复

利用检测手段、数学模型以及计算机模拟分析方案，解决现实训练生活中对运动损伤、疾病预防、康复恢复的过程，对训练过程进行科学诊断的方法。其作用是：协助教练员科学制定训练目标、监督训练。

4. 运动训练状态监控

运动训练监控方法与技术主要包括：训练实践监控方法与技术、机能评定监控方法与技术、心理训练监控方法与技术、运动与基因技术应用等方面内容，国内外该领域的进展以及发展趋势如下。

(1)训练实践监控方法与技术。目前世界竞技体育发达国家对训练实践监控工作高度重视，特别是美国、中国、俄罗斯、德国等国家，更是将训练实践的监控方法与技术视为提高竞技体育成绩的关键领域之一，并不断开发训练实践的监控方法与技术。总体来看，目前运动训练实践监控工作的主流趋势集中在：运动训练质量监控、运动训练负荷监控、专项能力发展监控、竞技状态结构调控等多个方面并与运动机能评定监控和运动心理训练监控紧密结合，实现对运动训练过程综合、多维的监控与评定。

(2)机能训练监控方法与技术。训练过程中的机能监控是运动训练监控中的重要领域。通过运动机能评定与诊断，实施运动训练过程中的机能监控，从而揭示其内在的运动特点与规律，是机能监控的主要任务。总体来看，目前机能监控研究的主流趋势集中在：身体素质发展的综合评定、应用生理、生化指标指导运动训练、实施体重和形态的控制训练和利用生物技术监控机体内部变化，从而达到对运动训练过程内部、多维的监控与评定的目的。

(3)心理训练监控方法与技术。获得理想竞技表现(Peak Performance)是所有运动训练与体育比赛的目标，也是运动员心理训练的现实目标。运动心理学家紧密结合运动员、教练员参加奥运会、亚运会和全运会的比赛实践，在高水平运动员心理训练领域进行了长期的、富有开创性的探索，取得了丰硕的成果，形成了以"心技结合"训练为基础，以积极思维控制训练为中介，以积极比赛自我意象训练为整合的前后有序、上下联结的心理建设综合模式。该模式的实施帮助我国运动员在多次国际比赛中取得了骄人战绩。近些年，心理生理方面的研究越来越引人注目。

(4)运动分子生物检测与选材。从体育运动的角度来看，随着分子生物学理论与技术的飞速发展，人们可以从基因水平上寻找决定人类运动能力的基因，在分子水平上探讨人体对长期训练的适应性变化，从而能更加科学准确地评估个体的运动状态及运动潜力，加强对运动训练的调控。例如可以通过基因调控防止运动性疲劳和加快恢复过程；利用基因诊断技术对运动员进行身体机能评定；建立运动性伤病与运动意外基因诊断系统，进行运动员基因选材等。

计算机辅助体育训练运用计算机图形学、数据可视化和图像处理技术将体育信息进行数字化表达，将体育数据转换为图形或图像显示出来并进行交互处理，它涉及到运动人体科学、计算机图形学、图像处理、计算机视觉及人机交互技术等多个领域。随着计算机技术和人工智能的发展，计算机辅助训练必定会成为运动训练科学化的有效手段。

讨论思考

1. 请谈谈体育多媒体课件设计与制作步骤。
2. 请查阅资料简述体育网络课程的开发过程？
3. 请谈谈体育电视教材制作过程？
4. 怎样理解计算机辅助运动训练的应用和发展？

第八章 体育教学资源与体育学习过程评价

【学习提示】

教育评价是对教学效果进行价值判断的过程,它是教学系统中的一个重要环节,是教学系统反馈的基础,也是教育技术学研究的一个重要领域。教育评价的理论与方法对提高教学质量,促进教学改革起着重要作用。

体育教学和运动训练也属于教学,是一种有别于其他课程的教学形式,也属于教学系统,在体育教学和运动训练过程中也需要进行评价。

【学习重点】

1. 教育评价含义
2. 诊断性评价、形成性评价和总结性评价含义及功能
3. 常模参照评价与标准参照评价比较
4. 教学资源评价方法及步骤
5. 教学过程评价方法

第一节 教育评价概述

一、关于教育评价

评价是指主体按照一定的标准对客体的价值进行判断的过程。教育价值是指教育活动对人和社会需要的满足程度。教育价值主要体现在两个方面:一是教育对个人的价值;二是教育对社会的价值。教育的个人价值是教育对人的精神需要、物质需要的满足,是在满足个人需要中体现出的价值;教育社会价值是指教育对社会存在、延续和发展需要的满足,是满足社会需要过程中体现出的价值,它大致包括教育的政治价值、经济价值和文化价值。因此,教育价值观在很大程度上受到社会的发展和个人观念的影响,从而造成教育价值观的多样性。而教育价值观直接影响着教育评价结果。因此在实施教育评价前,应树立正确的教育价值观。

教育评估理论的创始人,被誉为“教育评价之父”的美国教育家泰勒(R. W.

Tyler)对教育评价的解释为:教育评价就是这样一种过程,即发现学生学了什么和所学的东西具有什么样的价值。他提出,在设计教育评价方案时应首先具有明确的价值观,先分析应达到的教育目标,然后再根据目标来评价、评估教育效果,从而确定教育目标的实现程度,找出教育目标与教育实践的差距,使评价活动本身成为促进教育活动趋近教育目标的积极手段。

日本教育家长谷川荣认为:教育评价就是系统地、有步骤地从数量上测量或从性质上描述儿童的学习过程与结果,据此判定是否达到了所期望的教育目标的一种手段。

美国学者克龙巴赫(Lee J. Cranach)认为:所谓教育评价,是指为获取教育活动的决策资料,对参与教育活动的各个部分的状态、机能、成果等情报进行收集、整理和提供的过程。

我国学者张秀瑗认为:教育评价是一种新的教育成绩的考察方法。

台湾学者李聪明认为:教育评价是利用所有可行的评价技术评量教育的一切效果。

从以上的观点我们可以看出,教育评价是根据一定的教育价值观或教育目标,运用可行的科学手段,通过系统地收集信息资料和分析整理,对教育活动、教育过程和教育结果进行价值判断,为提高教育质量和教育决策提供依据的过程。

二、教育评价分类

1. 按教育评价的功能划分

教育评价按其功能可分为诊断性评价、形成性评价和总结性评价。

(1)诊断性评价。诊断性评价又称准备性评价,是在教育活动开始之前或在教育活动进行之中,对评价对象的现实状况及存在的问题、产生的原因所进行的判断,其主要目的是分析原因,以便采取相应的改进手段。例如,在一次体育课之前,对学生的基础技能进行诊断性评价,从而制定出合适的教学方案。诊断性评价还可以运用在一项教育活动进行之中。例如:有某个班学生对所学知识掌握情况不好,教师可以利用诊断性评价,对教学内容、教学方法及学生自身所具备的知识基础等进行分析,还可以考虑学生的身体状况或生活环境等教学外部因素,以寻求合理的解决方法。进行诊断性评价所借助的手段主要有:以前的相关成绩记录、摸底测验、智力测验、态度和情感调查、观察、访谈等。

(2)形成性评价。形成性评价又称为过程评价,是对正在进行的教育活动做出的评价。目的是及时了解教学工作得失,改进教育工作,完善教学活动,引导教育过程正确而高效的进行。这里需要说明的是,形成性评价并不参与最终教育效果的评定。例如:老师在完成一次课程教学后会布置作业,通过对学生作业的检查,了解学生的学习效果，发现学生普遍掌握不好的地方并及时改进，对普遍问题在下次课堂上加强讲解，对个别问题单独辅导等，而作业并不作为学生学习成绩的评定。进行形成性评价所借助的手段主要有：课堂提问、平时作业、日常观察和形成性测验等。

(3)总结性评价。总结性评价又称结果性评价、终结性评价，是对一定时期内整个教育目标的实现程度做出的评价。总结性评价侧重于对教育活动的成果做出评价，往往是在教学或学习活动之后，评定等级优劣，并将结果报告相关人员，为各级决策人员提供参考依据。这种评价注重对教育活动的结果作总体分析，提供描述性信息。体育教学评价用的较多的就是总结性评价。在课程结束后，进行专项测试和考试都属于总结性评价。

诊断性评价、形成性评价和总结性评价是从评价功能不同所作的划分。形成性评价与总结性评价这两个概念是由斯克里文在其 1967 年所著的《评价方法论》中首先提出来的。这两种评价的区别主要表现在：

第一，形成性评价与总结性评价的目的、职能不同。形成性评价的主要目的指向改进教学活动的质量，为后面的教学提供修正的依据。总结性评价指向更一般的等级评定，它的直接目的是做出教育效果的判断，从而区别优劣，分出等级或鉴定合格。

第二，形成性评价与总结性评价的报告听取人不同。形成性评价是内部导向的，评价的结果主要供那些正在进行教育活动的教育工作者参考。总结性评价是外部导向的，评价的报告主要呈递给各级制定政策的管理人员，作为他们制定政策或采取行政措施的依据。

第三，形成性评价与总结性评价的评价重点不同。形成性评价直接指向正在进行的教育活动，是在教育过程中为调节和完善教学活动、引导教育过程正确、高效地进行而对学生学习结果和教师教育效果所采取的评价，它是在教育活动进行过程中开展的，评价的重点在过程。总结性评价是在某一相对完整的教育阶段结束后对整个教育目标实现的程度做出的评价，它要以预先设定的教育目标为基准，考查学生和教师发展达成目标的程度，评价的重点在结果。

第四，形成性评价与总结性评价对评价结果的概括化程度的要求不同。形成性评价是分析性的，它不要求对评价资料做较高程度的概括。而总结性评价是综合性的，它希望最后获得的资料有较高的概括程度。

2. 按教育评价的分析方法划分

教育评价按其分析方法划分，可分为定量评价和定性评价。

(1)定量评价。定量评价又称为量性评价，顾名思义主要是一种量化的评价方法，是将评价对象的特征用数值进行描述，并运用数学方法做出推论的评价。目前教育评价中使用的数学方法主要有教育统计学方法与模糊数学方法两类。例如，要对一个班的学习情况进行定量评价，首先确定用考试成绩作为学习情况的数值描述，然后收集学生的考试分数，以测量统计的方法检验其各科平均分数与年级平均分数的差异，最终做出评价判断。

定量评价强调数量计算，以教育测量为基础。它具有客观化、标准化、精确化、数量化、简便化等鲜明的特征。它在一定程序上满足了以选拔、甄别为主要目的的教育需求。但定量评价往往只关注可测性的品质与行为，处处都要求量化，强调共性、稳定性和统一性，过分依赖纸笔测验形式，有些内容勉强量化后，只会流于形式，并不能对评价结果做出恰如其分的反映。

(2)定性评价。定性评价又称为质性评价，是指采用开放的形式获取评价信息，运用定性描述的方法做出结论的评价。定性评价常常采用无结构观察、访谈、调查等方法，获取评价对象各方面的信息，对评价对象的状况做出描述、分析与评价，结论通常表现为书面的“鉴定”或“评语”。

就教育评价这一领域而言，定性评价更加关注学生在“质”方面的发展，关注教育结果与教育目标之间的一致性；强调对学生的优缺点进行系统的调查，并对个体独特性做出“质”的分析与解释，是具有实质性内容的一种评价机制。因此，定性评价可以关注更广泛的教育目标及学习结果，强调关注现场和专业判断，对学生种种表现试图做出具有教育学、心理学意义的解释。但是，定性评价有时使评价结果模糊笼统，弹性较大，难以精确把握，而且容易受到评价者的主观影响。

3. 按教育评价的参照标准划分

按教育评价的参照标准，可划分为常模参照评价和标准参照评价。

(1)常模参照评价。常模参照评价又称相对评价。它是在被评价对象的群体中建立基准(通常以该群体的平均水平作为这一基准)，然后把该群体中的各个对象逐一与基准进行比较，以判断该群体中每一成员的相对优势，常模参照评价也被称为教育常模参照评价。如：在对一个班的学习成绩进行评价时，以平均成绩上下一段分数为基本标准，将评价对象按成绩排序，超过基本标准为优，低于基本标准为差。

常模参照评价的结果显示个体在群体中的位置。实施这种评价，需要从评价对象集合中选取一个对象作为基准，将其余对象与基准做比较，从而排出名次、优劣。因此，常模参照评价比较适用于选拔人才或评选先进集体或个人。常模参照评价若用作其他目的会存在很大的弊端，原因如下：第一，常模参照评价是为评定个体在群体内的位置而进行的评价，对评价对象如何改进活动状况不能提供实际的意见；第二，常模参照评价显示个体在群体中的相对位置，不同群体之间整体状况也存在差异，所以在常模参照评价中，一个群体内的评价结果不适于另一群体。

第三,在常模参照评价中,评价的结果是优、中、差的区别,很可能出现某个个体总是处在差的位置的情况,这样会挫伤某些个体的积极性。

(2)标准参照评价。标准参照评价又叫绝对评价。它是将教学评价的基准建立在被评价对象的群体之外(通常是以教学大纲规定的教学目标为依据来制定这一基准),再把该群体中每一成员的某方面的知识或能力与基准进行比较,从而判定其优劣。标准参照评价也被称为教育目标参照评价。如各级学校的毕业考试、资格证书的颁发、等级考试认证等都是以绝对评价为主要考察方式。

标准参照评价的评价标准固定,评价结果为评价对象的改进提供了重要的参考依据。被评价个体可以通过评价了解自己的学习结果与标准的差距,可以促进学习者的学习积极性。

第二节　体育教学资源评价

一、体育教学资源评价原则

教学资源,是指在教学过程中,支持教与学的所有资源,即一切可以被师生使用的物质、能量和信息。教学资源既包括现实世界中原本就存在可以被教学所利用的资源,又有专门为教学而设计的资源,后者的具体表现包括教科书、练习册、指导书,也包括实验和课堂演示时所使用的实物,还包括录像、软件、网站、在线学习系统、计算机模拟软件、BBS、网络教室等。目前体育教学领域研究较多的为多媒体音像资料、动画和网络资源等,对此类资源的评价应遵循“五性”的原则,即“思想性、教育性、科学性、技术性、艺术性”。

思想性:指是否具有深刻的思想意义,表达先进的教育理念;

教育性:指是否符合教学的目的,能够解决教学中的问题,是否符合教学原则和人的认知规律,能否取得较好的教学效果;

科学性:指概念、原理、定义和论证等内容的叙述是否清楚、确切,历史事实、任务以及图表、数据、公式、符号、单位、专业术语和参考文献写得是否准确,或者前后是否一致。

技术性:指包含的教学信息是否达到了必需的技术要求。

艺术性:指是否有较强的表现力和感染力。

二、体育教学资源评价过程

教学资源评价主要包括评价实施的准备工作和评价的具体实施两个过程。

1. 教学资源评价实施的准备工作

为了保证评价活动能够很好的实施，在评价前必须做好相关的准备工作。准备工作的质量直接影响着评价的质量，是实施评价不可缺少的一个必要步骤。教学资源评价的准备工作主要有组织评价、设计评价方案。其中设计评价方案是教学资源评价实施准备工作的核心工作，而设计评价指标体系则为评价方案设计的核心内容。

(1)评价的组织工作。评价的组织工作首先是成立专门负责评价工作的机构或组织，包括设立专门的评价委员会或评价领导小组、聘请有关专家组成评价小组、设置评价办事机构等。评价人员的选择对评价效果具有重要的影响，选择时应注意以下几点：第一，具有与评价内容相关的专业背景；第二，掌握与教育评价有关的基本理论与技术；第三，有高度的责任感和实事求是的科学态度。评价组织准备最后还应对评价人员进行培训或沟通，使其了解评价的目的、评价的策略、评价的内容、评价指标的内涵和外延，了解评价的基本要求。

(2)评价方案的设计。评价方案是整个评价过程的计划，是实施评价的工具，是评价组织者根据教育评价的目的，遵循客观规律，在评价实施前拟定的有关评价的目的、内容、范围、方法、手段、程序和预期结果的指导性文件。一个完整的教学资源评价方案应包含以下内容：

①评价的目的。不同目的的评价需要不同的评价标准和评价方法。因此，方案对教学资源评价的目的，即为什么要评价，必须具有明确、具体、准确的表述。

②评价的内容和依据。评价的内容是指对教学资源中被评价的具体内容。评价内容是根据评价目的来确定的，哪些方面信息能够帮助实现评价目的，就应该把哪些方面作为评价的内容。评价内容的确定是否科学合理，直接影响评价的方向和评价结果的有效性。如果评价内容是以指标系统表达的，则还应为指标确定权重和评价标准，以形成指标体系。指标体系是评价目标的质和量的规定体系，是评价方案设计的核心内容。评价的依据是指确定评价内容、采用评价方法、进行评价实施的根据。

③评价的准则及相应的权重。评价的准则规定评价的方面和内容，也就是说，它规定评什么。并且按照各准则之间的内在逻辑形成分级，并根据它们的重要性，对各准则赋予相应的权重。评价准则能够帮助评价活动的组织者、评价者和被评对象准确理解和全面掌握评价标准，从而有利于评价方案的实施。

④评价方法及评价工具。教学资源评价方法是指实施评价时采用的主要手段，是综合教育测量学、教育技术学、教育评价学等相关学科逐步形成完善的方法。在运用教育评价的方法时，要对指标体系中的指标、评价标准、量化方法等有关方面进行说明，并对评价方案、评价方法、计量方法和评价工具的选择及操作方法等

进行解释。

⑤评价结果的应用。在评价方案中，还应指明评价结果的应用，指明评价结果的整合、分析、检验、反馈，以使评价结果能够更好地促进教学资源的使用和改进，从而使评价更为有效。

以上为教学资源评价方案应包含的主要内容。教学资源评价方案应具有：目的明确、内容具体、指标科学、标准客观、步骤清楚、程序规范、方法简便科学且具有可操作性等特点。

(4)评价指标体系。评价指标体系的设计是设计教学资源评价方案的核心内容，下面来介绍一下指标体系及其设计。

①指标体系。对教学资源中的较为抽象的内容进行评价时，将这些抽象的内容用具体的项目表现出来，这些具体项目称为指标。例如：我们评价一个3D动画模拟太极拳资源的技术性这一较为抽象的内容时，用逼真性、交互性、易操作性、稳定性等具体项目作指标来进行评价。指标是一种具体的、可测量的评价准则，是根据可测或可观察的要求而确定的评价内容。指标的优点是：能反映被评对象的共同属性，具有规范性和可比性；分解细致，便于测量，也便于定量处理。指标的缺点是：设计和编制较为费时耗力；较难反映被评对象的特点和社会多样化的需要；多次分解可能偏离本质属性，造成效度相对较低。将指标体系中的指标确定权重和评价标准，就形成了指标体系。

②评价指标的设计原则。设计指标体系应把握以下原则：指标与目标的一致性；指标直接可测性；体系内指标的相对独立性；指标体系整体完备性；指标的可比性；指标的可接受性。

③评价指标体系设计过程。指标系统的建立是在对评价目标分层分解的基础上实现的，是将评价的属性逐步具体化的过程。这一过程包括：初拟评价指标——筛选评价指标——建立评价标准——对评价标准进行描述——分配指标权重、初步构成指标体系——进行试评和修改、形成评价指标体系。下面对每步过程分别介绍。

初拟评价指标。初拟指标是根据评价内容提出评价的初步指标。初拟指标是根据指标与评价目标一致的原则，将评价目标分解而获得的(如图8-1所示)。

筛选指标。初拟指标一般数量较多，可能会有一些不符合设计原则要求、不反映被评对象本质特征的指标，还可能有内涵相同、互相包含、互为因果的指标。筛选评价指标就是把初拟指标中重复的、不符合原则要求的、进行删选归并；对可行性差的进行调整修改；保留符合设计原则要求、反映被评对象本质特征的指标，从而对指标体系简化提炼。指标筛选可以通过经验法、调查分析法、相关分析法等方法实现。

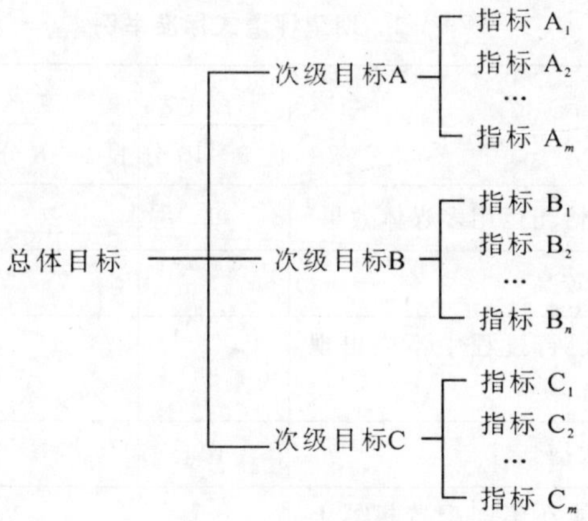

图 8-1　初拟评价指标

建立评价标准。评价的标准主要由以下三个因素构成：

标准的强度与频率：是指评价标准要求的规范行为所表现的程度或相对次数。它是评价标准的主要组成部分。

标号：是指不同强度和频率的标记符号，通常用字母或数字表示，标号没有独立的意义，当我们赋予它某种意义时，它才具有意义。

标度：是指测量的单位标准，它可以是经典的测量尺度（如类别、顺序、比值尺度等），也可以是模糊集合尺度，可以是量化的，也可以是定性的。

标准描述。标准的描述有三种常见的形式——描述式标准、期望评语量表式标准及客观可数等级式标准。

描述性标准就是运用文字描述每个不同要素的等级，并给每个等级赋值（如表 8-1 所示）。

表 8-1　描述性标准举例

指　标	标　准	分值
多媒体课件视频素材效果	画质声音清晰，剪辑恰当，对课件有充实作用，能吸引学生的注意	3
	视频能反映所讲述内容	2
	视频与内容联系不够紧密，有拖沓无关部分	1

期望评语量表式标准是根据目标要求，写出期望达到的评语或要求，同时把该项指标分成若干等级，逐级赋予分值，评价者根据达到期望的程度打分（如表 8-2 所示）。

表 8－2　期望评语式标准举例

期望评语 \ 等级	等级与分值			
	优 9～10 分	良 6～8 分	中 3～5 分	差 0～2 分
多媒体效果：课件是否恰当运用多媒体效果	9			
交互性：课件的交互性较高		7		
稳定性：课件在调试、运行过程中不应出现故障	9			
易操作性：操作简便、快捷	10			
可移植性：移植方便，能在不同配置机器上正常运行		8		
易维护性：课件可以被方便地更新，利于交流、提高			5	
合理性：课件是否恰当地选择了软件的类型	10			
实用性：课件是否适用于教师日常教学		8		

客观可数等级式指标是指对于某些条件的指标，可以采用客观、可数的定量数值作为标准，分成不同的等级，凡达到规定数值的就可以归到相应的等级（如表 8－3 所示）。

表 8－3　期望评语式标准举例

专家投票项目	4	3	2	1
直观性：课件的制作直观、形象，利于学生理解知识	＞9	＞6	＞4	＞1
趣味性：有利于调动学生学习的积极性和主动性	＞9	＞6	＞4	＞1
新颖性：课件的设计新颖，进一步调动学生的学习热情	＞9	＞6	＞4	＞1
启发性：课件在课堂教学中具有较大的启发性	＞9	＞6	＞4	＞1
针对性：课件的针对性强，内容完整	＞9	＞6	＞4	＞1
创新性：能否支持合作学习、自主学习或探究式学习模式	＞9	＞6	＞4	＞1

分配指标权重、初步构成指标体系。指标的权重有着非常重要的作用，它表示评价指标的重要程度。权重是指根据各组成要素在整体中的地位重要性和作用大小，所分别赋予的不同数值。它反映了各指标间客观存在的不平衡性，揭示了与其

相应的因素在影响事物的价值上的差异。

权重又称权数，是统计学中的一个术语，通常用 W_i 表示。权重在 0 至 1 之间取值，且各指标权重之和为 1。即：

$$\sum_{i=1}^{n} W_i = 1$$

$0 < W_i < 1$，确定指标权重的方法有专家赋值法、特尔斐法、关键特征调查法和层次分析法。

专家赋值法也称直接打分法。具体做法是：首先邀请一定数量的专家，请他们在列有指标的调查表中分别对各项指标的重要程度作出判断，给出权重或分数；然后再统计平均值，即可得到该指标的权重。专家赋值法克服了由少数人决策的片面性，有利于集思广益，相互启发，内外反馈，使结论更趋于合理。但这种方法也有很明显的缺陷，容易受权威和多数人意见和受劝说性意见的影响。

特尔斐法(Delphi technique)是 20 世纪 50 年代初美国兰德公司开发的一种调查技术。它很好地避免了专家赋值法的缺点。其特点是以匿名的方式，向专家们分发咨询表，征求、汇集并统计个人的意见或判断，以便在一些问题上使大家取得一致的意见，然后由组织者汇集整理，并将整理后的结果作为参考资料分发给每位专家，专家们可以根据经过统计整理的各轮应答情况，修改或坚持自己的观点和判断，经多次反复后，使专家意见逐步趋向收敛，最后基本达成一致，最终获得评价指标的权重。特尔斐法既可以用来筛选指标，也可以用来分配权重。

关键特征调查法是先请调查者从所提供的备选指标中找出最关键、最具特征的指标，再对指标进行筛选，最后确定指标的权重。其样本更大，调查的过程一次完成，一般不进行多次重复，相对简单。具有更广泛的群众基础和民主性，方法的实施也更加简便易行。因此，关键特征法可以作为特尔斐法的补充和验证。

层次分析法是由美国学者萨蒂(T. L. Saty)首先引入教育评价领域用以确定评价指标的权重系数的方法。它是通过把一些专家的经验和数理分析结合起来，要求有关人员对同一层次的评价指标进行两两比较，区分出各项指标影响目标实现的相对重要程度，构成数值化的判断矩阵，经运算排序后，确定出各指标的权重(如表 8－4 所示)。

进行试评和修改，形成评价指标体系。对评价指标体系的质量进行检验，可以选择部分评价对象进行试评价，试评价就是运用评价指标体系，按照正式评价的程序要求进行评价，用评价结果对评价指标体系的质量进行检验。检验评价指标体系的质量主要体现在评价结果的信度和效度上，评价结果反映被评对象实际状况的程度。符合被评对象实际状况的程度越高，评价指标体系的质量就越好；反之，其质量就越差。

表 8-4 萨蒂的指标相对重要性比较表

指标相对重要程度	指标相对重要程度的赋值
同等重要	1
略微重要	3
重　要	5
重要得多	7
极端重要	9

注:在折衷时可取两个相邻程度的中间值,即取 2、4、6、8;如指标 i 与指标 j 比较得出上述一个数值,那么指标 j 与指标 i 比较则为该数值的倒数。

2. 教学资源评价实施工作

教学资源评价的实施,即运用现代方法、技术和手段,通过多渠道,采用多种形式收集评价信息,以评价标准为依据,对评价对象的状态和价值进行判断的过程。

教学资源评价的一般步骤:首先对参与评价人员进行动员,激发他们的积极性;同时掌握评价的方法和步骤,确保评价活动能够顺利地实施。然后进行预评价,预评价通常采用自我评价的方式进行,这样有利于准确形成价值判断,为再评价准备充足的信息。最后是再评价,再评价是在自我评价的基础上进行的外部评价,也称"确定性评价",通过再评价得出评价结果。教学资源评价实施阶段的主要工作有:

(1)评价人员与教学资源开发者之间进行良好的沟通,这对评价的顺利实施是很重要的。

(2)信息收集时应保证评价信息全面性、可靠性、有效性,这是确保评价有效性的关键。

(3)整理评价信息,主要是指对评价信息的全面性、准确性以及收集资料方法的可靠性加以核实,将收集到的信息进行检查、分类和保存,以便于使用。整理评价信息的方法有归类、审核、建档等,为评价做好准备。

(4)处理评价信息,这是实施阶段的核心工作。处理评价信息,就是运用定性和定量的方法,将被评对象在各项评价指标中呈现出来的特征,运用量化方法处理成为评价结果。

(5)作出综合评价。运用教育学、统计学、模糊数学、计算机信息处理等有关的理论和方法,将分项评定的结果汇总成综合评价结果。

第三节　体育学习过程评价

一、学习过程评价类型

学习过程的评价类型主要有客观性测试、主观性测试、标准参照测试、情景性评价、产品评价、过程性评价、学习契约、学习反思等方法。在不同的学习形式和方法下，所采用的评价类型也不相同。表 8－5 表明了不同的学习情况下适合的学习过程评价类型。

表 8－5　学习过程评价类型适用表

学习形式 评价方法 学习方法	课堂学习	函授学习	网络学习
讲授/示范	言语 O,S,C	手册/工具包 O,S,C	O,S,C
书本学习	课本/印刷品 O,S,C	手册/印刷品 O,S,C	WWW,FTP O,S,C
录像/媒体学习	视频资料 O,S,C	视频资料 O,S,C	WWW(带视频) O,S,C
班级讨论	面对面 S,C	倾听(异步) S,C	交谈(同步)通信列表 S,C
同伴辅导	小组 O,S,C		群件 O,S,C
项　目	小组 C,P,T,X,R		交谈或群件 C,P,T,X,R
对　话	班级讨论 R	倾听 R	交谈 R
独立完成的项目	C,P,T,X,R	C,P,T,X,R	C,P,T,X,R
合作学习	小组 S,C	S,C	交谈 S,C
辩　论	角色扮演 C,P,T,X,R	指导/支持 C,P,T,X,R	交谈/mud C,P,T,X,R
独立研究	C,L,R	C,L,R	C,L,R

注：O. 客观性测试；S. 主观性测试；C. 标准参照测试；P. 产品评价；T. 情景性评价；X. 过程性评价；L. 学习契约；R. 反思

二、学习过程评价原则

学生学习过程评价是一种重在过程的，重视评价对象主体性的，以促进评价对象发展为根本目的的教学评价。学习过程评价应克服评价过于强调甄别与选拔功能的倾向；关注学生，促进其不断进步，实现自身价值；关注整体素质的发展，强调评价的人性化的发展，重视学生的主体性与评价对个体发展的建构作用。关注学生之间的差异性和发展的不同需求，促进其在原有水平上的提高和发展的独特性。将量化评价方法与质性评价方法相结合，丰富评价与考试的手段与方法。

对学习过程的评价应注意：突出评价的实效促进功能，对学生多方面进行评价，体现评价的过程性，运用多种学习评价方法，是对情感、态度、价值观和学习过程与方法的评价。评价最显著的共同特性就是效度、信度和可用性，评价应尽量提高其效度、信度和可用性。效度也叫有效性，是指一个测验所测量的结果与该测验所要求测量内容的相符程度。教学内容与测试结果的一致性越高，测试结果的效度则越高。信度也叫可靠性，是指一个测量结果的前后一致程度。如果一个学生受两个等值形式的测试后所获得的分数相差很远，说明这个测验是低信度的，反之则为高信度。可用性指测验的实际用途。

三、学习过程评价方法

传统的学习过程评价主要有测验、调查、观察等。随着教育理论及教育技术的发展，出现了一些新的面向学习过程的评价方法，如：契约评价、量规评价、评价包、情境评价等。在体育学习过程中，这些评价方法也有较多应用。

1．契约评价

这一评价方式来源于真正意义上的契约或合同，契约学习是以契约为载体的一种教育组织形式，同时又是一种具体的学习方法。契约评价是通过学生与教师共同协商来签订学习契约，以确定学习的目标、达到目标的方法和策略、学习活动进行的时间等，并依此来对学习活动进行评价。契约评价方式强调以学为主，突出“任务驱动”和“问题解决”的现代教育方式。

2．量规评价

量规评价是由教师或评价者开发的一种描述性的评分量表，其目的是为了分析学生学习结果，包括学习作品和学习过程。量规评价包括核查表、分值系统、分析性量规、整体性量规等几种类型。核查表是最简单的量规评价，它是一个包含了学生表现的各种特征的简单列表，它们通常用“是”或“否”来判断。分值系统，与核查表相似，但有一个重要的区别是，描述的每一条评分指标都分配了具体的分值。分析性量规与核查表和分值系统量规不同。它要求评价者对描述的每一条评分指标的质量作出判断。整体性量规也是用言语描述表现特征的评价标准，整体性量规把学生的表现看作一个整体，给表现和结果判定一个单一的得分。整体性量规为量规的每个水平编写了一段包含有不同特征的描述，所有的表现特征都达到某一质量水平，才能得到该水平的得分。如果一条或两条评分指标没有达到该水平，只能给予低一级水平的得分。

3. 评价包

评价包是指用以显示有关学生学习成就或持续进步信息的一连串表现、作品、评价结果以及其他相关记录和资料的汇集。评价者通过对评价包的制作过程和最终结果的分析而进行的对学生发展状况的评价。与传统评价相比较，其优势主要体现在以下方面：第一，评价包能够反映学生学习与发展过程中的重要信息，收集了广泛的学生作品及其他有关证据，表现学生的努力与进步。评价包还可以促进与反映学生一般认知能力上的发展，并且评价包的设计与构建过程还能不断激发学生的学习兴趣与积极性，在课程目标上实现知识与技能、过程与方法、情感态度与价值观的有机整合。第二，评价包有助于教师发现学生的个体差异，提供适合每一个学生特点与水平的教学与指导。第三，评价包十分重视评价过程中的多主体性，特别是学生的自我评价与自我反思，这将充分发挥学生学习的主体性，尤其是学习的内在动机。第四，通过评价包积累有关学生学习与发展的各种数据与证明，促进形成性评价与总结性评价的有机结合，使教学与评价有机结合起来。

4. 情境评价

情境学习是通过与共同体内其他成员的相互对话、彼此互动而发生于真实的实践活动之中的评价方式。对于"真实的实践活动"，情境学习理论对它的解释是：在解决问题的真实情境中所从事的各种相关活动。这些真实的问题情境，其实就是日常生活的问题情境；这些需要从事的活动，就是日常生活力求摆脱问题情境的活动。情境评价是学生个人或小组针对某一主题，独立完成任务，并以演示文稿、作业、网页、解决方案等方式展示效果。情境评价需要一整套的辅助工作，如学生作业的观察、展示、陈述、访问、角色扮演等。为了评价的有效性，确定的任务即使不是真实的任务，也应与真实世界保持较高的相似性，即任务应该具有现实意义。情境评价反映了学生综合解决实际问题的能力。

体育学习过程评价除了可以应用以上评价方法外，还应该包括对学生训练态度、训练状态、训练效果、协作能力、交际能力的记录，并且及时向学生反馈评价，激发学生学习兴趣，改善不良学习习惯，达到促进体育知识的掌握与运动技能的形成的目的。

讨论思考

1. 简述教育评价的不同分类。

2. 试分析诊断性评价、形成性评价和总结性评价的不同。

3. 试分析常模参照评价和标准参照评价的特点。

4. 定性评价与定量评价的主要区别是什么？

5. 教学资源评价的核心内容是什么，如何实施这一核心内容？

6. 学习过程评价时应把握怎样的原则？

第九章　教育技术研究新方向

【学习提示】

随着教育技术学科的飞速发展，教育技术领域呈现出多个发展方向，教育技术研究新方向是教育技术工作者关注的重要研究领域。本章围绕绩效技术应用、教育知识管理、移动学习、混合式学习、虚拟仿真、数字校园、教育游戏等领域进行了阐述。

【学习重点】

1. 绩效技术基本模型
2. 知识管理内涵
3. 移动学习模式
4. 混合式学习含义
5. 教育游戏含义及分类

第一节　绩效技术应用

绩效技术是研究如何改进组织和个人绩效的专门领域，大多应用在企业组织的人力资源管理和开发上。近年来，该名词越来越多地出现在教育领域，教育活动中的绩效问题也受到了教育研究人员的关注，许多教育研究人员开始尝试使用绩效技术来指导教育活动，尤其是教师培训活动。

绩效技术的方法和程序主要是针对企业组织绩效改进而提出的，而教育活动与企业活动存在着本质的差异，因此，将绩效技术引入教育领域时，应结合教育活动的特征对绩效技术在教育领域的含义和方法进行深入探讨，从而正确指导教育活动的开展。

一、绩效技术概念及绩效技术模型

绩效是指人们在工作场所完成任务的成就或结果。人类绩效技术是通过设计以提高工作场所中人类绩效的技术与方法的集合，它以提高人类绩效为目的。关于绩效技术,国内外许多组织和个人对其进行了定义。

全美绩效和教学协会 NSPI 的定义是:绩效技术也称为人的绩效技术,指的是解决人的绩效问题或寻求改进人的绩效机会的一套方法和过程,它可运用于个人、小组或大型组织的不同层面,绩效技术是一个领域,几乎包括为了达到高水平的组织和个人绩效的所有研究和实践领域。

张祖忻教授认为绩效技术是运用分析、设计、开发、实施和评价的系统方法来提高人和组织机构的工作业绩的研究领域。

《教学技术:领域的定义和范畴》对绩效技术的定义是这样的:"绩效技术是一种对项目进行选择、分析、设计、开发、实施和评价的过程,它的目的在于以最经济的成本效益影响人类的行为成就。"

绩效技术模型则在于揭示工作环境的复杂性和所有要素之间的相互影响,从而为绩效技术从业人员说明如何在工作中提高绩效的操作步骤。它以一种结构化的形式,为提高人类绩效提供指导。

关于绩效技术模型有很多,这里我们重点介绍 ISPI 于 1992 年发布的 HPT 模型(如图 9-1 所示),HPT 模型可称得上经典,对实际工作的开展也确实起到了不小的指导作用。在一些与具体行业相关的绩效技术模型里,往往也可以看出它的

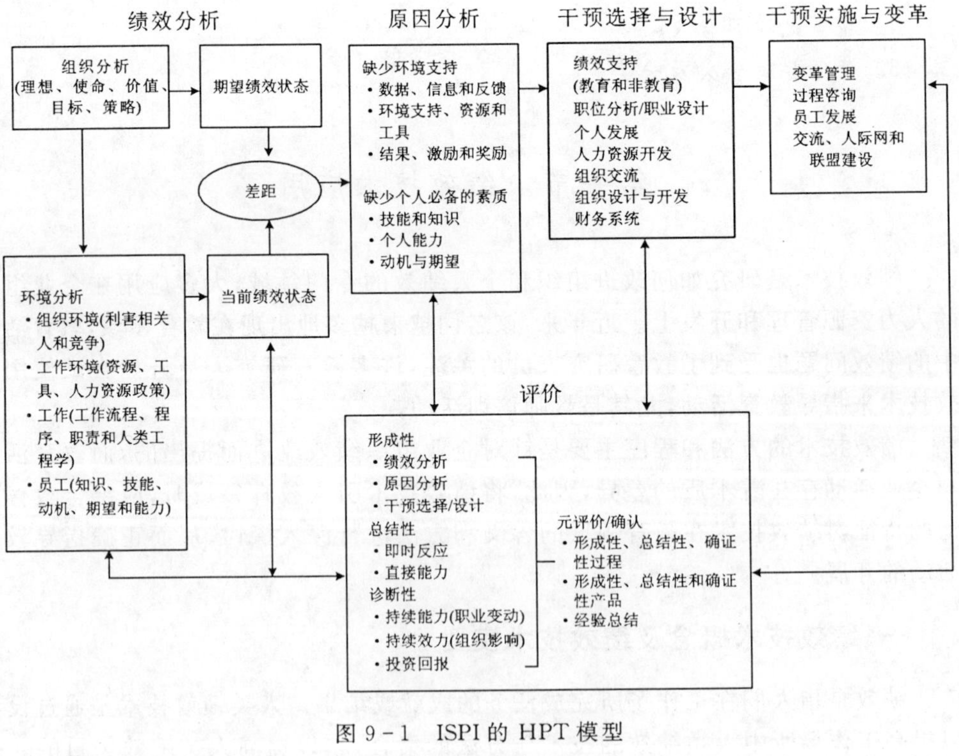

图 9-1 ISPI 的 HPT 模型

影子。对于具有教育技术专业背景的读者来说，这一模型和教学设计模型也颇有几分相似，这归因于它们遵循了同样的问题解决思路。

HPT 模型相对于其他模型有了较大的扩展，它不再局限于对绩效因素的分类，而是致力于绩效差距的消除。它将绩效步骤改进分为五个环节：发现问题、分析问题、设计解决方案、实施解决方案以及评价，ISPI 对每个环节都做了详细的阐述。各个环节都因为绩效领域的特点而体现出其特色。从 HPT 模型可以看出，绩效改进的实质在于消除或减小绩效差距，而这种差距在绩效领域，主要来自于环境、员工和组织机构本身，ISPI 对不同要素还作了进一步的细分。绩效改进的途径是多种多样的，模型中提到教育以及非教育类型的绩效支持，包括职位分析、变革管理、组织交流、员工发展，等等，模型提供的这些思路具有重要的启发意义，提示我们在实际的绩效改进过程中，必须灵活地应用各种绩效改进手段来提高绩效。

在评价阶段，HPT 模型中除了常见的形成性评价、总结性评价和确证性评价之外，还提及了"元评价"。前三者都是针对绩效改进本身，主要的差别在于间隔的时限和采用的评价工具。"元评价"既可以伴随前三种评价同时进行，也可以在形成性评价、总结性评价及诊断性评价完成之后进行，以便对评价过程、产品以及结果的可靠性和有效性提供反馈。它不仅面向绩效改进，还可针对每种评价过程本身，并可对形成性评价、总结性评价和诊断性评价进行验证，从而获得有价值的关于评价过程和产品的洞察。

HPT 模型除了将绩效改进的"流程"加以结构化、模块化之外，还以箭头的方式指出了模块之间的先后顺序，使得依照模型的实施更加有章可循。但这种流程也在一定程度上限制了绩效技术从业人员对其灵活地应用。很多情况下，绩效改进工作的实际开展只是该模型中的几个环节甚至一个环节的实施，在有的场合下这是由于其他环节并不需要，而在另一些场合下则由于时间、经费、人力等原因，必须对几个环节加以整合。但无论如何，对于一个绩效技术从业人员来讲，在头脑中有这样一个清晰的绩效改进模型，都是非常必要的。

二、绩效技术领域与教育领域的比较分析

到目前为止，绩效技术虽然已形成了一个独特的研究领域，但其研究范畴、研究方法等均与人力资源管理理论与实践密切相关。企业是以盈利为目的的组织，其绩效水平是通过企业的最终利益或效益来衡量的，而教育是非盈利组织，以学习者个体的发展为最终目标，二者在研究对象、目标、内容、环境等方面均存在差异。

表 9－1 显示出了绩效技术领域和教育领域存在的差异。首先，绩效技术领域研究的主要对象是企业员工，企业员工有较稳定的工作，因而其工作的性质和内容是较为明确的，影响工作绩效的因素可以通过对绩效目标和现状的对比分析查找

出来。衡量绩效的标准是个人或组织利益的最大化，因而通常把组织中绩效水平最高的个人或同类组织中绩效水平最高的企业作为参照标准，查找个人或组织与绩效水平最高的个人或组织存在的差异，寻找产生差异的原因，以寻求绩效改进方案。

而教育领域面对的对象是发展中的人，他们未来将从事何种工作是未知的。并且21世纪人才培养的目标是促进人的个性的全面发展，强调根据学习者的个性特征发掘其潜力。教育活动没有一个统一的参照标准，无法准确测量教育绩效差距。因而，为了减小绩效差距而设计的课程内容和教学策略往往很难带来教育绩效的改进。此外，企业组织中的员工处在一个相对固定的岗位中，他们必须按照岗位的要求从事一定的工作，因而其行为活动是受到一定制度约束和控制的，而教育组织虽然也制定了一定的行为规范，但学生的学习过程是开放的、自主的。

表9-1 绩效技术领域与教育领域的比较

	绩效技术领域	教育领域
对象	有正常职业的劳动者个人和集体	尚未工作的学习者个人和集体
目标	个体组织的利益最大化	个人的全面发展和个性的充分发挥
内容	发现并解决个体或组织中出现的绩效问题，探讨绩效改进策略，并对绩效改进过程进行评价和反馈	掌握学生个性发展规律，并在此基础上探究正确引导学生个性发展的方法和策略
环境	有组织的、有约束的	开放的、自主的

三、教育领域中绩效技术的新含义

绩效技术领域与教育领域在研究对象、目标、内容、环境等方面存在差异，但同时，绩效技术也是一种提高系统整体效率成效的方法和程序，教育领域作为一个系统，同样也关心教育的效率和效果问题。采用绩效技术方法解决教育领域的问题时，需要参考绩效技术固有的方法和程序，并根据教育活动的特征对绩效技术的含义进行重新阐释，主要可以从以下几个方面来理解绩效技术：

(1)教育绩效目标是开放的，绩效分析需要分阶段、分层次开展；

(2)绩效改进过程是动态的，干预措施应随学生的成长而变化；

(3)绩效评价的内容是教师及学生水平的提高程度。

四、教师培训中绩效技术的运用

开展大规模的教师培训是当前我国教师教育的一个重要内容，而如何提高教师培训活动的绩效水平也是当前教育研究人员和教师关注的重点问题。依据绩效技术的观点，可以把教师培训活动作为一个绩效系统，采用绩效技术的方法和程序开展教师培训工作，但同时，教师培训的目的是为了今后更好地开展教学活动，提高教育绩效水平，因此，采用绩效技术开展教师培训时，可以遵从绩效技术的一般程序，但在具体环节的设计上要考虑教育领域的特征。对教师培训活动进行设计时应注意以下几个方面的问题：

(1)设计多样化的培训目标；

(2)培训内容的选择是开放的；

(3)培训方式应具备较强的互动性与灵活性；

(4)培训效果评价的多元化。

总之，采用绩效技术方法和程序指导教育活动既是绩效技术领域的延伸，同时对于教育领域相关理论和实践的发展也有促进作用，应该注意的是，两者在理论基础上的差异，使绩效技术方法能正确指导教育活动的开展。

第二节　教育知识管理

一、知识管理的概念

知识管理的原始定义是指对知识的记录和保存。真正意义上的知识管理出现在20世纪末的管理学领域。到目前为止，学者们对知识管理的定义有三种主要的观点。第一种观点认为，知识管理的焦点是对信息的管理，这一观点由于得到IT技术发展的支持发展很快；第二种观点认为，知识管理的焦点是对人的管理；第三种观点综合前两种观点，这种观点得到了越来越多的研究者的认可，逐渐成为知识管理研究和实践的主流。

综上所述，知识管理是企业或组织在坚持以人为本的前提下，用来获取、创造、存储、共享以及运用知识以提高绩效的理论与技术，其核心是知识的共享与创新。

从上述定义出发，知识管理的基本内涵主要包含以下几个方面：

(1)知识管理的目标应与组织的目标相一致，即创造价值；

(2)知识管理是一个动态的过程；

(3)知识管理涉及组织的所有活动，需要采取各种有效的手段；

(4)组织的知识管理不仅涉及组织范围内的知识，还应注重组织外部的、与组织的各种活动有关的知识。

二、教育知识管理的定义与组成

教育是一个以知识为媒介,促进人与知识双向统一发展的过程。教育是世界上最悠久的知识管理的职业,是当今知识管理技术最可能运用到的地方。把知识管理引入到教育领域,必然会对教育活动产生巨大的影响。另外,我们应该认识到,知识管理与教育文化是相通相融的,同时教育是导致知识管理成为自身核心文化组成部分的路径。

当前学术界对于究竟什么是教育知识管理,尚无统一定义。

约根什·马尔霍特拉认为,教育知识管理就是运用技术工具对知识进行强化、加工、处理、存储,并通过网络广泛传播、利用的过程。知识和智慧持续创造和传递贯穿于整个教育领域。

黎加厚先生从社会和教育信息化发展的角度出发,认为教育知识管理是研究人类获取、传播、共享、利用和创造新知识的活动规律,管理有关知识的各种连续过程,以促进经济和社会发展的理论与实践。

詹青龙、刘光然认为,教育知识管理就是对利用现代信息技术捕获教育或与教育相关的各种来源的信息,进行加工、处理、组织、创造,进而转化知识和智慧,并通过网络传播,以促进全球教育知识共享和知识创新的理论与技术。

综上所述,教育知识管理是利用现代信息技术对与教育相关的各种知识和信息进行收集、组织、加工、整理、转化。使其成为相互联系而具有不同主题和功能的知识集合,以此实现知识的创新以及有效传播和共享。教育知识管理是促进教育理论创新和教育实践创新的过程。教育知识管理主要由学校知识管理、教师知识管理、学生知识管理三方面构成。

三、教育知识管理的现实意义

教育知识管理的研究不仅适应教育改革的潮流,而且具有教育理论创新和教育实践创新价值。教育知识管理越来越受到教育工作者的关注,也必将成为未来教育领域的研究热点。

1. 促进教育改革

传授知识是传统教育所提倡的,但是传统教学方法太死板,是一种填鸭式的教育,在教学过程中,只重视知识的结果,不重视知识形成的过程,忽视了学生创新精神和创造能力的培养。这种教育方法培养出来的学生,大多缺乏创新精神和创造能力。随着新课程改革的来临,教育更重要的是传授给学生如何获取知识的方法,不断培养获取知识的能力。而且在获取知识的同时,要树立知识共享的观念,培养合作学习的习惯,更重要的是,在掌握知识的基础上要进行知识创新,进而培养创新意识。教育知识管理的实践将有效促进教育观念转变，进而促进教育改革。

2. 提高教育研究者、教师与学生的知识水平

无论是研究者、教师，还是学生，在成长的每一阶段，都必须具备良好的基础知识和一定的专业知识及技能，尤其是教师更要具有研究的能力。苏霍姆林斯基在给教师的建议中曾指出："如果您想让教师的劳动能够给教师带来乐趣，使天天上课不至于变成一种单调乏味的义务，那你就应当引导每一位教师走上从事教育研究这条幸福的道路上来。"搞教学研究是教师从教书匠到专家型教师成长的必由之路。有效实施教育知识管理，可以实现研究者以及教师的显性知识、隐性知识的积累与转化，实现知识的共享，教师获取教育理论知识，研究者得到实践知识，便于进一步的理论研究。同样，学生也易于获取自己所需要的知识。因此，教育知识管理可以提高研究者、教师和学生的知识水平，从而有利于创新能力的实现。

3. 提升教育组织的竞争力

教育组织的竞争力一方面体现在硬件环境上，另一方面体现在管理方法上，诸如民主化、企业家精神、团队绩效等社会价值观念之间的匹配。管理方法决定了组织的竞争优势，因此对于管理方法的选择至关重要。因为管理方法的选择在很大程度上受到了组织在市场上获得成功所需绩效的影响。不同的绩效要求不同的管理方法。而且，竞争环境发生了变化，绩效的需求也就随之变化。而教育组织的竞争力属于核心竞争力，比如说构建优秀的教师队伍、井然有序的学校档案资料、良好的组织文化、使学生终身受益的教学方式等。要做到这些，就要先从教育知识管理做起，提高教师素质、合理布局、创建良好文化、改进教学方式，层层推进，保持并提升教育组织的综合竞争力，这样才能使学校具有更强的生命力。

总之，教育知识管理是一种先进的教育管理思想和复杂的知识管理过程，是一项长期而艰巨的工作，不会一蹴而就。它不仅需要组织文化的渗透，组织结构、制度与机制的建设和完善，更需要在现代信息技术支持下的教学第一线的教师们的实践创新和众多教育研究工作者的理论创新。

第三节　移动学习

一、移动学习的概念

近年来，随着无线移动技术、蓝牙和 WAP 等技术日趋成熟，移动通讯技术与计算机技术的不断融合，一种全新的概念——移动学习（Mobil - learning）在教育领域应运而生。并逐渐成为现代远程教育研究的热点之一。

移动学习是指学习者在自己需要学习的任何时间、任何地点通过无线设备与移动设备(如手机、具有无线通信模块的 PDA、Pocket PC、MP4 以及手持电子书阅读器等)和无线通信网络获取教育信息、教育资源和教育服务,与他人进行交流、学习的一种新型学习形式。移动学习是远程教育的延伸和扩展,除了具有固定远程学习所拥有的所有优点之外,相比之下,它还具有无线性、灵活性、便携性的特点。其中,灵活性和便携性是移动学习最突出的特点。正是由于它的便携、可移动,使学习摆脱了学习场所、学习设备和学习时间的束缚,学习的随机性大大增强。

二、移动学习发展现状

我国教育部于 2001 年 12 月做出了关于“移动教育”的理论和实践研究项目立项通知。北京大学于 2002 年 5 月成立了国内第一个移动教育实验室,并取得了可喜的成果。就目前来说,随着移动设备价格的降低及性能的不断提升,我国移动设备的普及率正在迅速增长,它在人们生活中发挥着越来越大的作用,这些都显示了移动通讯技术、计算机网络技术和现代多媒体技术三者有机结合的产物——移动教育也成为远程教育中的一个重要方向,而移动学习也成为远程教育中的一个重要的学习模式,它将更一步促进教育信息化的进程,真正实现随时随地的学习。

由于移动学习理论的不完善和移动技术的限制,目前实施较多的移动学习基本上有基于短信息的移动学习、在线实时信息交互的移动学习、在线信息浏览的移动学习、在线短资源下载的移动学习。

从总体上来说,无论在国内还是在国外,移动学习都取得了一定的研究成果。从实际应用上来看,当前移动学习仅仅停留在理论及其应用策略的研究和小范围实践上,对移动学习的应用和普及还只是发展阶段。

三、移动学习模式

目前移动学习领域的学习模式主要分为两大类:在线类移动学习与脱机类移动学习。前者主要借助于移动网络进行在线式的移动学习,后者主要借助于电子存储设备进行存储式移动学习。

1. Model1:SMS (Single Message System)模式

基于短消息的移动学习模式主要应用于通信数据少,简单文字描述的学习活动。它是目前普遍的一种移动学习途径,技术也相对比较成熟,费用较低,用户数量也最多。通过短信系统,学校可以及时提供各种服务信息,但短信内容只能是文字和图片,而且篇幅有限,所以应用范围限于通知的发送、简短信息的查询。

资源形式:文字信息。

适用终端:带有短消息功能的手持移动设备。如:PDA、移动电话等。

学习者需求：学习者参加一定课程的学习，需要及时地收取通知、公告、课程成绩查询结果、概念性知识片段等信息。

适用情境：上班路上、出差途中等零碎的时间段。

交互方式："推送"方式的单向交互为主；一定程度上的文字性双向交互。

2. Model2：MMS（Multiple Message System）模式

基于多媒体的移动学习模式主要应用于表达丰富信息，需要使用图像、声音、动画等多媒体信息的学习活动。

资源形式：语音、图片、图像、简短动画。

适用终端：带有摄像功能，支持 MMS 图片、图像、语音存储和传输的 PDA、移动电话以及笔记本电脑。

学习者需求：生动的多媒体信息的学习需求与交互。

适用情境：学习者在学习现场将观察到的事物或者场景录制或拍摄下来，上传到教学平台与教师和学生共享。

交互方式："推送"并接收更加生动的多媒体信息，例如：布置特定的学习任务让学习者完成，并按照要求上传语音、图片等学习资源，作为学习者参与课程学习的一部分内容。

3. Model3：基于浏览、链接的模式

这种类型的移动学习模式又包括两类，一类是 WAP 及移动互联网业务；另一类是移动宽带业务。

资源形式：班级社区、Blog、图文资料的浏览、教学教务组织、远程交互、课程下载、流媒体课件点播、定位等。

适用终端：PDA、移动电话、笔记本电脑。

学习者需求：学习者需要以在线的方式与老师、同学或者教学资源实现实时交互；在交流和协作的情况下进行学习。

适用情境：在出差时期参加课程的实时学习；利用空闲时间访问在线资源并下载资源等情境。

交互方式：以在线的方式实现学习者与学习内容、教师、学生之间的交互。

4. Model4：存储携带模式

这是指将电子书、多媒体课件、图文课件等数字化内容存储在便携式移动设备上，帮助学习者进行随时随地的学习。

资源形式：文档、图片、音频、视频、课件、流媒体等。

适用终端：MP4、PDA、学习机、带存储扩展卡的移动电话、笔记本电脑。

学习者需求：利用工作、休息之外的时间片段进行学习。

适用情境：工作繁忙，又需要充电，上班路上、出差途中等零碎时间段学习。

交互方式：主要是学习者与学习资源之间的交互。

四、移动学习的特点

1. 形式上是移动的

即学习者不再被限制在电脑桌前。可以自由自在、随时随地进行不同目的、不同方式的学习。学习环境是移动的，学习资源和学习者都是移动的。

2. 内容上是互动的

移动学习的技术基础是无线通信技术和互联网技术，移动学习的理论基础同网络学习是一样的：只有在内容上互动，实现双向交流的模式，才使得“移动”更有意义，才符合建构主义的基本原则，才能更充分地表现出移动学习的优越性。

3. 实现方式上必须是数字的

也就是说要使用移动计算（IA）设备进行数字化的学习。这一点是区别于传统学习模式的关键，它既是前两条的保障，也是前两条的必然选择。目前支持移动学习的设备主要有手机、PDA便携式电脑以及其他智能终端等。

4. 移动学习是一种高度片状化的经历，易受干扰

移动状态学习和固定状态学习有着本质的不同。人在“移动”过程中，注意力是高度“分散”的。学习是一项艰苦的工作，需要集中注意力和深入思考。而移动中（乘车、乘地铁、火车、泡酒吧、散步）充满了分散注意力的事情。移动中对人们注意力也是断断续续的、不可预料的。这将会给移动学习者留下极度心烦意乱又极为片段的体验。移动教育课程开发与设计中必须认识移动学习的这一特点。

综上所述，移动学习是 E－Learning 发展的延生，它可以真正地实现任何时间、任何地点来学习的目的。由于其独特的技术优点，受到了教育技术研究者的极大关注。移动学习是未来远程学习的主要模式，也是教育技术研究的一个重点方向。但就目前的形势来看，移动学习在移动设备和教学系统设计方面存在诸多问题，互联网的局限性、移动设备的兼容性、理论和技术支持不够等都极大地阻碍了移动学习的发展。

第四节　混合式学习

一、混合式学习的概念

我国学术界首先提出混合式学习的是北京师范大学何克抗教授，2003 年 12

月9日在南京召开的全球华人计算机教育应用第七届大会上，何克抗教授首次正式提出这个概念。他认为，所谓混合式学习(Blending Learning)就是要把传统学习方式的优势和 E-Learning 的优势结合起来，也就是说，既要发挥教师引导、启发、监控教学过程的主导作用，又要充分体现学生作为学习过程主体的主动性、积极性与创造性。何克抗教授认为混合式学习是未来教育技术的发展趋势，认为它是国际教育技术界关于教育思想和教学观念的极大提高与转变。这种改变不仅只是形式上的，更多体现利用在线教学和课堂教学的优势互补来提高学生的认知效果上。

目前国际教育技术界已经达成共识，认为：只有将在线教学和课堂教学结合起来，使二者优势互补，才能获得最佳的学习效果，这也是混合式学习的核心。

二、混合式学习的三个层面

混合式学习由抽象到具体，由宏观到微观可以看作是三个层面的混合。

1. 宏观层面

混合式学习是离线学习和在线学习、自定步调的学习和实时协作学习、结构化学习与非结构化学习的混合。

2. 中观层面

混合式学习是多种学习方式的混合，这些学习方式可以是典型的 CAI(计算机辅助教学)、PBL(基于问题的学习)、WebQuest(网络探究式学习)、SDL(自我导向式学习)、拾荒式学习、研究性学习、游戏化学习、基于资源的学习、实践中学习等的混合。不同学习方式的选择根据教学内容、教学目标和学习者特征而定。

3. 微观层面

此层面是指教学诸要素中构成教学系统的教学媒体、教学材料、传输介质、学习环境、教学资源、学生支持服务的混合使用。混合式学习能够培养学生深度学习的能力及较强的信息素养，并有助于使其形成终身学习的能力。总的来说，混合式学习就是各种学习方法、学习媒体、学习内容、学习模式以及学生支持服务和学习环境的混合。但是，混合式学习并不是仅仅把这些相关的成分简单地混合起来。而是基于实现学习目标、提高学习绩效而将各种成分进行有机的结合。

三、混合式学习的混合形式

1. 传统课堂教学与在线学习相结合

传统课堂教学以面对面的知识传授为主要特征，利于师生间的情感交流，利于基本概念、原理、规律及事实性知识的传授；在线学习即 E - Leaning，包括实时和非实时的在线学习，能够突破时空限制，利用丰富的共享资源，利于学生主动地进行自主或合作探究，培养学生的探究精神和创新能力。将二者进行结合可以达到优势互补的效果。

2. 结构化与非结构化学习的混合

结构化学习是利用逻辑严谨、结构良好的学习材料，按学科知识的一定逻辑顺序组织的教学过程。非结构化学习是通过会议、交谈、网上浏览、电子邮件等非结构化的方式。混合学习既要重视结构化学习，使学习者构建完整的学科知识结构，也要重视非结构化学习，使学习者能够运用学科的基本概念、原理、规律等知识，分析并解决实际问题，促进知识迁移的发生。

3. 混合各种不同信息传输媒体

教学信息传输媒体主要包括教室、网络课程、印刷材料、视听材料、电子邮件、电话、教学软件等记录、存储和传输信息的载体。我们应根据学习者特征、学科特点、教学内容的不同需求等因素综合考虑，合理地选择教学媒体。

4. 混合自定步调和实时协作学习

自定步调的学习是指学生根据个人的已有知识现状和学习需求，自我控制学习的步调，而实时协作学习则是指多个学习者之间互相交流合作、共同分享知识的学习。

四、混合式学习的设计模型

1. 混合式学习的设计环节

乔希·伯尔辛(Josh Bersin)认为混合式学习的设计过程主要包含四个基本环节。

◆识别与定义学习需求。学生的学习需求具有多样性。因此，在混合式学习中需要对学习需求进行识别与定义。

◆根据学习者的特征，制定学习计划和测量策略。学习者的特征包括多方面的内容，如学习风格(如场依存或场独立等)、原有知识及技能结构、智力水平等。混合式学习需要根据学习者的特征，制定具有适应性的学习计划。

◆根据实施混合式学习的设施，确定开发或选择学习内容。混合式学习基本形式是网络学习与传统课堂学习的混合，基本设施通常指实现在线学习的设施，由开展混合式学习的单位建设，应考虑如下问题：带宽、机配置标准、学习管理系统、时间约束、度量标准。

◆执行计划，跟踪过程并对结果进行测量。该过程是混合式学习的最后阶段，主要是执行学习计划，跟踪学习过程，并对学习结果进行测量，以确定是否达到预期的目的。

李克东教授依据上述的过程描述，把混合式学习设计分解为8个相互循环的环节。

步骤一：确定混合式学习目标，即确定开展混合式学习的目标。

步骤二：确定预期绩效，即确定通过混合式学习应取得什么样的绩效。

步骤三：选择传递通道和媒体。需要考虑到两个方面的内容：一是可供选择的传递手段，包括学习方式与媒体，主要有在线、课堂、视频、技术支持、PDA、电子绩效支持、自我指导、教师指导、协商、同步、异步和实况E-Learning；二是要考虑同传递手段有关的效能和成本因素，如存取方式、成本、教学模式、交流、用户友好、组织授权、新颖性和速度。

步骤四：学习设计。邀请课程专家、教育专家和技术专家，制定并形成混合式学习计划。

步骤五：支持策略。确定完成混合式学习需要什么样的支持策略。

步骤六：计划实施的行动观察。设计在实施计划过程中需要观察记录的项目。

步骤七：学习效果评价。其包括诊断性评价、形成性评价和总结性评价。

步骤八：修订学习。根据评价结果对学习计划进行修订。

2. 混合式学习设计模型

Intel公司提出了针对Intel企业培训的混合式学习设计模型（如图9-2所示）。

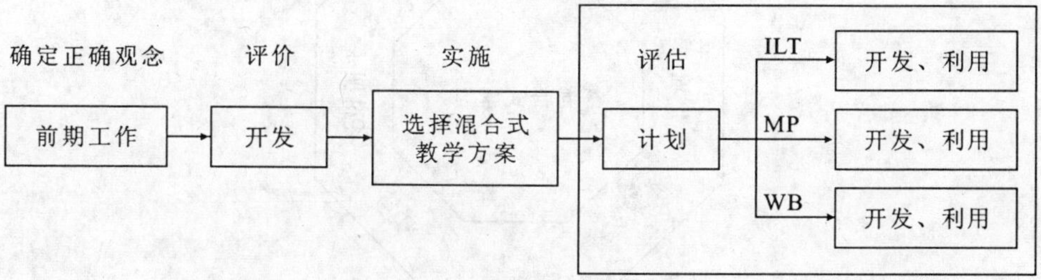

图9-2　英特尔混合学习模型

除了这些公司针对企业培训和个别学校提出混合式学习设计模型之外，还有一些学者及研究者也提出了他们自己的混合式学习设计的模型。特罗哈（Troha）提出了由12个步骤组成的混合式学习设计模型，基本过程和步骤如下。

（1）收集关于培训需求的符合标准的背景信息，如同为课堂教学设计一样。

（2）回答这样的问题：作为培训的结果，什么东西确实是我们希望学习者知道、去做和感受的。

(3)基于证实的学习目标,描述主题。

(4)在内容大纲的每个条目旁边,注明能够通过课堂很好地将内容条目传递给学习者的学习活动类型。

(5)开发学习策略的传递,学习策略描述在培训过程中所做的事情。

(6)开发评价策略,评价策略描述培训的有效性。

(7)识别和编目所有存在的将来可能用于促进课程开发的文档。

(8)将过程中所有的输出与教学设计文档组织在一起。

(9)通过教学设计文档,在"内容/学习活动大纲"中找出可以通过在线传递的成分。

(10)简要询问设计项目中的内部人员,收集反馈意见。

(11)会见混合式学习的提供者,着眼于提高学习效率,全面优化宝贵的课堂时间和确保投资的最佳回报。

(12) 和外部的提供者一起,向所有的内部利益相关者陈述混合式学习设计,收集反馈意见和确定下一步。

同时,Badurl Khan 也提出了混合式学习的结构,称为 Khan 八边形结构(如图 9－3 所示)。

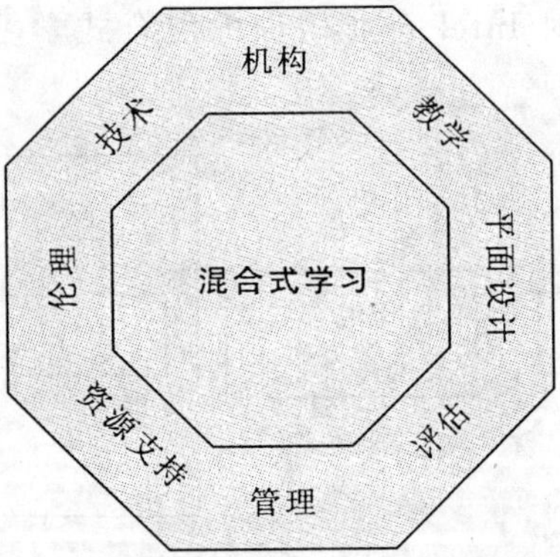

图 9－3　Khan 混合式学习八边形结构

这个模型可以帮助人们在设计混合式学习时选择合适的内容,也可以成为设计、开发、传送和管理以及评价混合式学习课程的指导性原则。Khan 将这些因素概括后组成了一个八边形,其维度有:教学、技术、平面设计、评估、管理、资源支持、伦理和机构。

第五节　虚拟现实与虚拟仿真

一、虚拟现实与虚拟现实技术

虚拟现实(Virtual Reality,VR)是1989年美国的J. Lanier提出的,所谓“虚拟现实”,是用计算机技术来生成一个逼真的三维视觉、听觉、触觉或嗅觉感觉世界,让用户可以从自己的视点出发,利用自然的技能和某些设备对这一生成的虚拟世界客体进行浏览和交互,这种计算机技术被称为虚拟现实技术。虚拟现实技术是20世纪80年代新崛起的一种综合集成技术,涉及计算机图形学、人机交互技术、传感技术、人工智能等。它是由计算机硬件、软件以及各种传感器构成的三维信息环境——虚拟环境,可以逼真地模拟现实世界(甚至是不存在的)的事物和环境,当个体投入到这种环境中,立即有“亲临其境”的感觉,并可亲自操作,自然地与虚拟环境进行交互。

二、虚拟仿真与虚拟仿真技术

虚拟仿真(Virtual Simulation,VS)实际上是一种可创建和体验的虚拟世界(Virtual World)的计算机系统,也称虚拟仿真系统。狭义的虚拟仿真主要指虚拟现实仿真。广义的虚拟仿真还包括可视化仿真、多媒体仿真、视景仿真、虚拟现实仿真等。虚拟仿真能使人们沉浸于系统之中,形成具有交互效能多维化的信息环境。

虚拟仿真所依赖的虚拟仿真技术,是在多媒体技术、虚拟现实技术与网络通信技术等信息科技迅猛发展的基础上,将仿真技术与虚拟现实技术相结合的产物,是一种更高级的仿真技术。虚拟仿真技术以构建统一的、完整的虚拟环境为典型特征,并通过虚拟环境集成与控制为数众多的实体。实体可以是模拟器,也可以是其他的虚拟仿真系统,也可用一些简单的数学模型表示。实体在虚拟环境中相互作用,或与虚拟环境作用,以表现客观世界的真实特征。虚拟仿真技术的这种集成化、虚拟化与网络化的特征,充分满足了现代仿真技术的发展需求。具有沉浸性(Immersion)、交互性(Interaction)、构想性(Imagination)和逼真性(Reality)等特点。

三、虚拟现实与虚拟仿真在教育教学中的应用

1. 虚拟现实与虚拟仿真应用的理论基础

行为主义学习理论的"刺激—反应"代表人物桑代克认为，学习是一座渐进的尝试与错误的过程。随着错误反应逐渐减少，正确反应逐渐增加，最终可以形成稳固的刺激—反应的联结。根据这一理论，针对那些具有危害性并需要试误的尝试性操作的知识、现象不易显现的知识却需要必须发现的知识、以及抽象的知识，都可以采用虚拟现实和虚拟仿真的方法，为学习者创设虚拟情境、让学习者置身于虚拟仿真系统中，完成学习。同时布鲁纳的认知—发现学说认为发现学习过程中的直觉思维同他的"行为把握—图像把握—符合把握"的认知发展阶段理论紧密联系在一起，这恰恰是虚拟现实与虚拟仿真可以做到的。建构主义理论强调以学生为中心，强调学生对知识的主动探索、主动发现和对所学知识意义的主动建构。"情境、协作、会话和意义建构"是建构主义理论的四大要素。虚拟现实与虚拟仿真可以有效地实现情境创设、沉浸与交互，符合建构主义理论以学为中心的思想。同时，从虚拟现实与虚拟仿真两个概念的定义中不难看出，"直观、生动、形象"是虚拟现实仿真系统的特点。而"直观、生动、形象"又是描述教学过程中知识呈现特征的词汇。直观、生动、形象的知识在提高学习者学习兴趣的同时，不仅可以有效促进学习效果的提升和学习绩效的提高，更有助于学习动力的提升。

2. 虚拟现实与虚拟仿真在教育教学中的应用

目前，虚拟现实与虚拟仿真在教育教学上具体应用形式表现为：虚拟训练、虚拟学习环境、虚拟实验室、虚拟仿真校园等。

我国许多高校都建立了国家实验室，其中北京航天大学建立了虚拟现实技术国家教育实验室，浙江大学也有计算机辅助设计和图形学（CAD/CG）国家重点实验室；清华大学、西安大学等高校也对虚拟现实与虚拟仿真有着深入的研究。

国外的虚拟现实与虚拟仿真的应用数美国最早，如：休斯顿大学建立的"虚拟物理实验室"能使学生完成包括万有引力定律在内的各种实验，做到了实验可控、现象可观察、参数可改变等仿真结果。北卡罗来纳大学研制的可以让学生用手操纵分子运动的化学虚拟现实系统，可以使分子按某种方式结合在一起。

3. 虚拟现实在体育领域应用举例

由北京工业大学体育部李岩老师团队开发的《24 式太极拳数字仿真教学系统》是基于虚拟现实技术，设计和开发具有交互式训练功能的"太极拳教学仿真系统"，该系统具有演示性操控和自主性操控两种操控模式（如图 9－4 所示）。系统根据太极拳教学的特点，将虚拟现实技术应用到传统教学中，以达到自主化学习，